# 世界神秘现象
SHIJIE SHENMI XIANXIANG

才学世界　主编：崔钟雷

吉林美术出版社　全国百佳图书出版单位

图书在版编目（CIP）数据

世界神秘现象/崔钟雷主编.—长春：吉林美术出版社，2010.7（2022.9重印）
（才学世界）
ISBN 978-7-5386-4467-8

Ⅰ.①世… Ⅱ.①崔… Ⅲ.①科学知识-普及读物 Ⅳ.①Z228

中国版本图书馆CIP数据核字（2010）第127452号

世界神秘现象
SHIJIE SHENMI XIANXIANG

主　　编	崔钟雷
副 主 编	于晓蕊　刘志远
出 版 人	赵国强
责任编辑	栾　云
开　　本	787mm×1092mm　1/16
字　　数	120千字
印　　张	9
版　　次	2010年7月第1版
印　　次	2022年9月第4次印刷

出版发行　吉林美术出版社
地　　址　长春市净月开发区福祉大路5788号
　　　　　邮编：130118
网　　址　www.jlmspress.com
印　　刷　北京一鑫印务有限责任公司

ISBN 978-7-5386-4467-8　　定价：38.00元

前　言
foreword

　　是求知的欲望赋予了人类智慧的头脑和好奇的心，是这个奇谜不断的世界留给了人类众多的奥秘和未解的难题。但是，机遇是与挑战并存的。世界上的种种未解之谜让我们本来好奇的心更加振奋，让我们本来智慧的头脑更难停下思考的步伐……

　　是歌伦布的脚步，带领人们发现了新大陆；是麦哲伦的船帆，带领人们进行了历史上第一次环球航行；跟着"阿波罗11号"的步伐，人类登上了月球；通过"哈勃"太空望远镜，人类看到了200亿光年外的宇宙景象……虽然我们的科学在不断发展，但是在我们的身边仍然有很多未解之谜在等待我们去探索与发现。

　　宇宙到底诞生于何时？宇宙的未来究竟会怎样？神秘的百慕大地区为何总是灾难不断？百慕大海底的巨大金字塔究竟是何人所建？奇异的人体自燃现象究竟有没有让人信服的解释……

　　上述的这些未解之谜，只是众多世界未解之谜中的一小部分，类似这样的问题实在是不胜枚举。这其中的绝大部分问题，连科学家们也众说纷纭、莫衷一是；但是人们坚信，人类科学总有一天会彻底解开这些未解之谜。

　　本书精选了世界上的各种未解之谜，通过数百幅真实的照片，图文并茂地向读者展示好些震撼人心的未解之谜与神奇现象，以帮助读者朋友了解未解之谜，并在轻松愉悦的氛围中，培养科学严谨的求知精神。

编　者

自然未解之谜

时空隧道 …………………………………… 2
最后一块神秘的大陆 ……………………… 6
破译海市蜃楼之谜 ………………………… 8
"火雨"之谜 ………………………………… 13
神秘的空中图像 …………………………… 14
奇异的定时雨 ……………………………… 17
海底世界的飘雪奇观 ……………………… 18
奇异的滚地雷 ……………………………… 20
天空中的玉带之谜 ………………………… 21
离奇的活人失踪谜案 ……………………… 25
神秘的位移 ………………………………… 26
空中"录音"现象 …………………………… 27
被雷电跟踪的人 …………………………… 30
会"唱歌"的岩石 …………………………… 32

CONTENTS

石头谋杀案 …………………………………… 33

能治病的圣泉 ………………………………… 34

"恐怖谷"之谜 ………………………………… 36

往高处流的水 ………………………………… 37

夜明珠发光之谜 ……………………………… 38

神奇的海火 …………………………………… 39

大海中的间歇水柱之谜 ……………………… 40

海洋中是否有"无底洞" ……………………… 41

"圣迭戈"号沉没谜团 ………………………… 42

神奇的海底洞穴壁画之谜 …………………… 45

龙卷风谜案探底 ……………………………… 47

地理未解之谜

揭开百慕大的神秘面纱 ……………………… 50

日本"自杀森林"之谜 ………………………… 53

奇异的洞穴 …………………………………… 56

火山口上的冰川 ……………………………… 57

海底喷泉 ……………………………………… 58

陨石坑之谜 …………………………………… 59

失落的大洲 …………………………………… 60

世界最著名的7个恐怖地带 ………………… 62

巨人岛之谜 …………………………………… 65

南极不冻湖 …………………………………… 66

死亡公路 ……………………………………… 68

目录

骷髅海岸 … 70

"杀人湖"与"死神岛" … 71

"怪湖"之谜 … 72

神秘的大西洋深处 … 75

飞机地狱 … 76

自焚火炬岛 … 77

世界各地的"怪坡" … 78

卡纳克石阵 … 80

巴哈马大蓝洞 … 82

神秘的磁力旋涡地带 … 83

"刺天剑"之谜 … 84

非洲黑人迁徙之谜 … 85

历史未解之谜

"水门事件"主谋之谜 … 88

撒哈拉沙漠壁画之谜 … 89

所罗门王"宝藏"之谜 … 92

金字塔之谜 … 93

可怕的法老咒语 … 95

神秘的木乃伊与泰坦尼克号 … 98

有待破解的"木乃伊书" … 100

一夜消失的帝国 … 101

神奇的"挪亚方舟" … 103

维纳斯之谜 … 107

CONTENTS

巨石阵之谜 ………………………………………… 110
最具悬念的玛雅文明 ……………………………… 113
复活节岛的石像来自何方 ………………………… 115
庞贝古城失踪之谜 ………………………………… 118
楼兰古城失踪之谜 ………………………………… 119
"幽灵潜艇"来自何方 …………………………… 120
伊甸园觅踪 ………………………………………… 122
凯尔特人之谜 ……………………………………… 125
钱形图案之谜 ……………………………………… 130
喀纳斯湖怪几重谜 ………………………………… 131

世界神秘现象
SHIJIE SHENMI XIANXIANG

自然未解之谜

世界神秘现象

神秘现象
时空隧道

"时空隧道"听起来有些不可思议,但据美国海军部的资料记载,1945年7月30日,也就是第二次世界大战即将结束时,美国海军"印第安纳波利斯"号战舰在西太平洋被日本潜艇击沉,当时大约有25名官兵乘救生艇逃离沉船,死里逃生。后来太平洋舰队司令部收到了他们发出的求救讯号,立即派出飞机与船只广泛搜寻,却无功而返。时隔46年,即1991年7月31日,菲律宾的一队拖网渔船在菲律宾群岛以西的西比斯海域发现了一条救生艇,上面拥挤着25名美国海军将士,但其制服却与今日大不相同。

渔船将其救起,问他们是什么人。他们竟回答说,是昨天从"印第安纳波利斯"号上逃出来的。他们的船被日军击沉了。菲律宾的渔民们非常奇怪:什么时候日本同美国又发起战争了?渔民们将这些美军人员送往菲律宾的美军基地。更令美军专家困惑万分的是:这些获救人员所报的姓名,竟能同"印第安纳波利斯"号某些失踪水兵的姓名一一对应;问及他们当时太平洋舰队"印第安纳波利斯"号上的情情,他们也回答得丝毫不差。这究竟是怎么一回事?

航空史上的"神秘再现"事件

在航空史上,这种"神秘再现"的事件真是不胜枚举。

在第二次世界大战期间,一支在北欧战场作战的美空军战队在战斗结束后整编时发现少了一架P-38战斗机。其余飞机立即在附近地区搜索,但是没有发现任何失踪飞机的残骸,也没有发现飞行员跳伞的迹象。就在人们几乎要放弃的时候,这架失

自然未解之谜

踪的飞机却神秘地归来了，并在机场上空突然爆炸，飞行员被迫跳伞。

基地官兵们亲眼目睹了这件不可思议的事情。机身编号证明：这架飞机正是失踪的那架P-38战斗机。但它的油箱早已干涸了，怎么可能飞返基地呢？而那名跳伞的飞行员也已前额中弹，又怎么还能跳伞呢？这成了悬而未决的奇案，人们只得把它记入了美国空军机密档案中，档案上附有基地指挥官和所有目击者的签名。

无独有偶，1990年9月9日，在南美洲委内瑞拉加拉卡斯机场，控制塔人员发现天空中出现了一架样式古怪的客机。机场官员立即通过无线电通信呼叫，要求那架"不速来机"报出自己的身份："这里是委内瑞拉，请问你们从什么地方来？有什么目的？"

飞行员听罢惊叫道："委内瑞拉？天哪！我是美国914号班机，由纽约起飞，准备飞往佛罗里达州的，怎么会飞到你们这里来呢？"

机场官员不由得也吃了一惊，他接着问道："你们是何时从纽约起飞的？"

"我们是7月2日早上9时55分起飞的。"

官员听着有点儿迷糊——今天是9日啊！于是他又问："你们是几月2日起飞的？"

"这还用问？"飞行员很不耐烦地说："先生，当然是1955年7月2日起飞的！"

官员身边的人都听得清清楚楚，大家异常震惊。飞行员不可能说谎。官员将手握紧，摇头道："天哪！今天已经是1990年9月9日了，你有没有搞错？"

事后经过了解，这架突然出现的DC-4型914号班机，确实是在1955年7月2日由美国纽约起飞，前往佛罗里达州迈阿密市去的。但它在途中突然失踪，与地面失去了一切

3

世界神秘现象

联系。然而,当它再度重返"人间"时,却已经是1990年了,距它的起飞时间足足过了35年。

穿越"时空隧道"的船只

在历史上有许多关于穿越"时空隧道"的记载,不仅有人,还有船只。

1935年,英国"阿兹台克"号在大西洋海面上航行时,看到了一艘名叫"拉·达哈马"号的船漂浮在海面上。水手们上船察看,发现它上面一个人也没有,连一具尸体也找不到。这艘船天窗破碎,船板断裂,桅杆落在船外,只有船长的航海日志完好无损,仿佛他才刚刚搁笔离开。然而不久后,意大利班轮"雷克斯"号传出了更为惊人的消息。据说在"阿兹台克"号遇到这艘船之前,他们曾在大西洋海域遇到过一只已经损坏的船,名字就叫"拉·达哈马"号。当时那只船在急速下沉,桅杆已经折断,拖翻在水里,船员们曾经竭力挽救它,然而无济于事。在狂风巨浪的拍击下,船沉入了茫茫大海……

船已沉入水底,怎么又会重新漂浮在海面上呢?是它有神出鬼没的特殊功能,还是"穿越时空"再现呢?

穿越"时空隧道"的武士

1990年5月,在奥地利的一座古堡底下,人们挖掘到了一个十分奇异的头骨。在这个头骨上,有两个对穿的子弹孔。

本来,这也不是什么奇怪的事情。但是,令考古学家爱德华·桑马博士颇感纳闷的是:这个头骨不是现代人的,而是一名中世纪武士的。据维也纳大学的科学家们鉴定:这名武士大约死于1450年。15世纪的武士怎么会死在现代的5.45毫米口径步枪的子弹之下呢?这个难题令所有的科学家都感到迷惑,无法找到合理的答案。

唯一可以解释这一现象的大胆设想,就是那位古代武士极有可能在无意之中闯进了通往未来世界的"时空隧道",来到了现代的战场,不幸被流弹击毙,造成意外丧生。

美元去了古埃及

前些年,在文明古国埃及曾发生过一桩时光倒流4 000年的意外事件,当今的科学家们绞尽脑汁也找不出答案。

自然未解之谜

法国一个考古工作队在尼罗河流域最早有人类生活的地区考察时，发现了一座大约建于公元前 2000 年的太阳神庙遗址，然而那时这里根本没有人烟。

法国的考古专家们对该遗址进行了认真考察。当他们掘开一块古老的石碑仔细寻找时，发现了一枚埋藏在地下的银币。

令人惊叹的是，这是一枚当代美利坚合众国还没有正式发行的面值为 25 美元的硬币。但是，它为什么会出现在 4 000 年前的古埃及神庙的地底下呢？这真叫考古学家们百思不得其解！

"时空隧道"之谜

穿越时空的再现，即神秘的失踪与神秘的出现，引起了人们极大的兴趣，也真正难倒了科学家们。那么，"时空隧道"究竟是什么呢？迄今为止的说法，主要有三种：其一，"时空隧道"就是让时间停止。即"时空隧道"与地球不在同一时间体系内，它的时光是相对静止的。凡误入"时空隧道"者，即意味着失踪，而且无论失踪多少年（三年五载或几十年、数百年），当失踪者再现时，同失踪前的面貌仍然一样；其二，"时空隧道"是"时间的逆转"。当失踪者进入这种时间体系里时，即有可能回到遥远的过去或未来，而当其退出这种体系时，又会恢复到失踪的那一刻。这种进入与恢复的过程，也就是时间逆转与再逆转的过程；其三，"时空隧道"就是时间关闭。它对于人类而言，是看不见、摸不着的（但却是客观存在的）。有时它会偶尔开放一次，即人类进入它里面，从而造成所谓的失踪，但当它再次关闭时，即对人类造成排斥，于是失踪者又会出现在原来的地方了。然而这些毕竟只是科学家们的猜测，至于"时空隧道"到底是什么样子，人类是否能合理地利用它，至今仍是个未解之谜。

世界神秘现象

神秘现象
最后一块神秘的大陆

南极洲被人们看作地球上最后一块神秘的大陆，因为那里有着太多的不解之谜。

绿色的冰山

在南极附近航行的船员们时常发现南极洲的一些冰山是绿色的，至于是什么原因造成的，一直未被人知晓。美国的一位地理学教授认为，这是露出水面的淡黄色生物体在太阳的照射下与蔚蓝色的大海相交融呈现出的颜色。

臭氧空洞

20世纪80年代末期，科学家们发现，在南极上空的臭氧层出现了一个大洞，这就是"臭氧空洞"。臭氧是地球的"天然屏障"，虽然宛如一层轻纱，但却保护人类免受太阳光中紫外线的伤害，同时还能避免引起温室效应，因为温室效应会导致海平面上升。

过去，人们一直认为臭氧层的减少，是工业污染和人类不注意环境保护的结果。然而，在南极洲500万平方千米的大陆上，人迹罕至，哪里会有污染？这确实令人匪夷所思。

所以，苏联的一位科学院院士奥杰科夫指出：南极上空"臭氧空洞"的出现，是外星人从外太空对地球进行科学考察的结果。他还说，世界范围内海平面近100年来上升了32—35厘米，这也是受地外文明的影响。臭氧空洞出现在荒无人烟的南极洲，是外星人"污染"的结果吗？对此我们尚无定论。

德国纳粹在南极建有军事基地吗

关于南极洲的秘密，还有一个更加奇异的传闻。

比利时不明飞行物研究中心的研究员埃德加·西蒙斯、本·冯·普雷恩和亨克·埃尔斯豪特等人公开声称：南极洲有德国纳粹的军事基地。第二次世界大战后期，德国的潜艇很可能把德国的科学家、工程师和科学研究器材运到了南极洲。而且有消息说，在1939年，希特勒曾经把他的亲信阿尔弗雷德·里切尔派往南极进行实地考察。所以，纳粹余孽把南极洲当作军事基地进行飞碟研究的说法并不是无稽之谈。

南极曾适宜人类居住吗

对于南极的猜测还不止这些，许多专家学者都对南极洲产生了兴趣，例如美国两位玛雅文化研究专家埃里·乌姆兰德和克雷格·乌姆兰德在《玛雅文明消失之谜》一书中指出：南极洲在过去并非全部被冰层覆盖，那里曾经是适于人类生存的地方，那里可能是神秘的玛雅人在地球上生活的第一个基地；在南极洲的冰层下面，可能还遗留着他们所用的劳动工具，甚至还会找到玛雅人的遗体；而且，玛雅人或其他史前文明人类似乎仍然生活在南极洲厚厚的冰层下面。

飞行家、探险家理查德·拜德有过一次难忘的南极飞行经历，并在飞机上做过一次令人难忘的飞行广播。拜德将军说，他穿过朦胧的光雾后，进入了一个绿色地带的上空，在"草原"上，有一种像美国野牛似的巨兽，还有一些别的动物和类似"人"的生物。当听得津津有味的听众们想进一步了解情况时，广播突然中断了。有关方面声称："拜德将军的广播报告是在精神过度疲劳和产生幻觉的情况下进行的。"

事后，有关这次南极探险经历的报道内幕再也没有公开，当事人也没有再做任何解释。

前不久，美国和俄罗斯的人造卫星探测发现：在南极洲的冰原下，竟然隐藏着一座城市。专家们介绍说：这座城市位于南极冰原下约1.6千米处，直径有16千米长，市内有高楼大厦，而且还有先进的交通工具。

据悉，"冰城"建筑在一个圆拱形的空间内，城市里使用某种类似核能的能源，城内足以容纳2 000人居住。

太空专家称：这些生命代表的文化已有5万年至10万年的历史，那时的人类还处于穴居和茹毛饮血的洪荒时代。于是美国航空及宇宙航行局的科学家们进一步推测："冰城"内的生命，可能是宇宙中一种已经消失的智能生命的后代。

南极洲有这么多神奇的谜团困扰着人类，因此，它确实可以称得上是一块神秘的大陆。

世界神秘现象

神秘现象
破译海市蜃楼之谜

海市蜃楼是在特殊大气情况下产生的光的幻视。人们常常会受到它的迷惑而遭到愚弄。在德国北海库克斯港就曾发生过这样的事：有一天，人们站在窗口向外眺望，发现近岸的海姑兰岛正倒挂在空中。沿岛的红岩悬崖、岸上的沙丘和别的细节也全都清晰可见。那情形就像天上有双巨手把海姑兰岛倒提着悬在半空中，似乎随时都有坠毁的可能，那就是海市蜃楼。傍晚时分，空中的幻象便消失不见了。

北极的神秘大山

在北极地区也有过这种幻象，它曾愚弄人类前后将近一百年。1818年，苏格兰探险家约翰·罗斯爵士从英国出发到北极去寻找那条不明确的"西北航道"，据说那是一条沿北美北海岸连接大西洋与太平洋的水道。罗斯进入了加拿大巴芬岛以北的陌生水域。一天早晨，他在甲板上突然发现前面有座大山挡住了去路，于是掉转船头回航。罗斯后来才知道，那里根本没有大山，那不过是海市蜃楼。

100年后，美国北极探险家皮里也说北极有一条未画入地图的大山脉。他说："我们看到了那些大山，并称其为克拉寇兰山。"

北极这条神秘的大山脉是何时出现的，引起了很多人的兴趣。山脉后面是什么地方？山脉到底坐落于何方？山里会不会有矿藏或黄金？是否会有不知名的部落居住在那里？许多探险家纷纷前往北极，却再也找不到那座大山了。最后，美国纽约市博物馆捐出30万美元，派了一个科学考察团进入该区。考察团团长麦米伦成了当时全世界报纸上的风云人物。

然而，在皮里看到大山的地方，麦米伦看到的只是一片冰天雪地；皮里说有又深又宽阔的水道的地方，麦米伦只遇到一些威胁他那艘船的大块浮冰。后来他发现克拉寇兰山真的出现了，不过奇怪的是，这些大山坐落的地点，却在皮里所说的地方以西约320千米处。

麦米伦在浮冰之间航行，直到实在不能前进时才停船抛锚，带着一队仔细挑选的精英船员在冰上徒步前进。可是，他们向山的方向行进时，山居然在向后倒退。他们止步，山也跟着静止不动了；他们再向前走，山又后退，那些冰峰雪地在北极的阳光中向他们招手，如同诱人走入森林的精灵，阴暗的山谷里看来极有可能隐藏着丰富的矿藏。

他们一鼓作气最后进入了一个三面环山的低谷。眼看就要到达目的地时，太阳落到了地平线下，周围的高山和丘陵像变戏法似的消失得无影无踪了。他们吓得目瞪口呆，环顾四周，发觉自己正站在一片广阔无际的冰原上，目光所及之处都是冰，根本就没有什么山。麦米伦一行人站在北极黄昏时分淡绿色的微光里，才明白原来是海市蜃楼让他们上了一次当。

沙漠里的蜃景

不仅在海面上，在沙漠里也常常会有这样的幻境迷惑人们的视觉，让人们以为到达了一片绿洲。其实是因为在阳光的照射下，沙子的温度升高，而在沙子上方流过的空气则较冷，光线通过不同密度的气层时方向发生改变，发生了光的折射现象。

假定有个人站在沙漠某处的沙丘上观看景色，而在距他几百米的沙丘上有个棕榈树丛，在这两个沙丘之间又有一层被热沙炙烤的空气，在这种情况下，那人就会看到两个棕榈树丛。一个是正常的正像，光线在空气中走的是直线；另一个是倒像，是光线经过折射到达那人眼中而形成的。这些光线从棕榈树那里向下斜射进入盖着沙漠的那层热空气，然后向上折射，从下面射进那人的眼里，就像沙漠上放着一面镜子，从镜子里看到棕榈树的倒影一样。

夏天我们有时在公路上或其他炽热的平面上看到的"水潭"也是

世界神秘现象

小型的海市蜃楼景观。它们是被热平面上灼热的空气折射回来的一片片天光。有许多故事说，在沙漠中迷路的人常被这种幻象折磨得发狂。阿拉伯人把这种幻象叫"魔鬼湖"。沙漠的空气也能造成蜃景，它使远处的绿洲、城镇或是遥远的地方，看起来就好像近在咫尺。

北美西南地区的沙漠以蜃景的幻象而驰名。在亚利桑那州科齐斯县，沿铁路线有个16千米长的湖。在冬夏两季都可以看见湖里有水，实际上那个湖在夏天时是干的。因为夏天天空中的光线被晒干的湖底上的热空气折射回来，造成了湖水的幻象。据说在当地曾发生过这样一件惨事：有个飞机驾驶员曾在冬天见过那个湖，有一次在夏天，他想把水上飞机降在湖上，就在他开始降落时，幻象突然消失了，他只好做紧急降落，结果飞机坠毁在沙面上，他也因此而丧命。

蜃楼事例

若冷热两层空气之间的界限参差不齐，折射产生的像往往会发生变形。美国探险家安德鲁斯曾看到形如天鹅的异兽在戈壁沙漠的湖中涉水。从几百米以外遥望，它们宛如来自另一世界的庞然巨怪在来回走动，细长的腿几乎有5米长。安德鲁斯立刻叫探险队的画家把这些不寻常的野兽画下来。他自己则蹑足向湖边走去。他发觉走得越近，湖的面积就缩得越小，野兽也都变了形，肥硕的大天鹅变成了苗条的羚羊，安详地在沙漠上找草吃。正是由于热空气层高低不平，才导致动物的形状也发生了变化。

第一次世界大战期间，在一次交战时，海市蜃楼使英军炮兵不能开炮。炮兵眼前出现了虚幻的景物，把敌军阵地遮盖起来。英军炮兵司令只得向指挥部报告："由于海市蜃楼作祟，战事不得不暂时停止。"

1798年，拿破仑的部队在埃及也碰到过海市蜃楼。据说他的部队看见景物倒悬、湖泊失踪、草叶变成棕榈树丛等景象，士兵们纷纷跪在地上祷告，祈求上苍使他们免受世界末日的浩劫。幸好远征队伍里的法国数学家孟日提出了科学的解释，他们才明白其中的奥妙。

南北极的海市蜃楼

南极和北极的海市蜃楼更为奇特。当靠近地面的空气十分寒冷，而上面有一层较暖的空气时，蜃景便会出现。那时会看到远处物体的形象移到天上。这些海市蜃楼往往有双重映像。例如船只或冰山在风平浪静的海面上漂浮，水中会有它们的倒影。在远处的人既能看到物体的形象，又能看到上方较暖空气层折射回来的倒影。这样的"双重曝光"式映像，英国海军上校斯科特1912年在南极探险时已有正式记录。队员在南极内陆长途跋涉后回到岸边，看见补给船"新地"号的双重映像挂在空中，上面是正像，下面是倒像，船上的炊烟正向相反方向飘出。虽然船本身还在大山的后面，可是在蜃景里却可以看到船上的一切。

奇妙的蜃景

空气偶尔也会开一些这样的玩笑。一次，在巴黎上空就曾出现原物倒像的蜃景，人们看见埃菲尔铁塔头上顶着它自己的一个倒像，这让人们感到十分奇特。

第一次世界大战时，一个德国潜艇艇长在北美海岸附近，从潜望镜看到纽约的摩天大楼倒悬在他头顶上空，整个城市好像就要掉到海里。据说当时那个艇长看到这种情景后，立即下令快速逃向远处的海域。

海市蜃楼不一定都是物体的真实形状。它可能是放大的物像，可能是缩小的物像，也可能是变形的物像，变形的程度随光线折射的空气层的位置和成分改变而异。蜃景中，北极海域的一块浮冰会看起来像一座危险的冰山，一棵棕榈树会缩成一片草叶，茅舍看起来也会变为巍峨的宫殿。

世界神秘现象

在某种情况下,我们可以看到拐角那边物体的蜃景。譬如说,若在覆冰峭壁之类的直立平面上出现寒冷而使光线折射的空气层,光线便会因折射而绕过峭壁。一个在北美洛基山脉中行走的人说,因为自己遇到过这样折射的蜃景,所以躲过了一头藏在山石后的棕熊的埋伏。

"复杂蜃景"

"复杂蜃景"大概是世界上最有趣的蜃景了,在意大利与西西里岛之间的麦西那海峡以及日本富士山海湾上,偶尔可以看到这种奇观。这种蜃景的名字出自意大利有关仙女摩恨拿的海底魔宫的寓言。后来一般都用"摩恨拿"这个名字代表各种各样的海市蜃楼。

复杂蜃景出现时,海水必须相当温暖,使接触海面那层空气的温度升高,更高处还要另有一层暖空气,形成两层暖空气夹着一层冷空气的局面。这样一来,中间那层冷空气不但会产生双重蜃景,还能起到柱面透镜的作用,把物体的高度放大。

复杂蜃景并不是突然出现的,在它出现之前,空中一定会先出现一片诡谲的云。云里便会有一个美丽的海港市镇的景象闪烁摇动。然后会有第二个市镇出现在第一个之上,紧接着还会有第三个。每个市镇里都有闪闪发光的高楼和宫殿,看起来房舍似乎是在水面之下,据说那就是仙女摩恨拿居住的地方。有时甚至还能看见穿着宽大的白色衣服的人在街上行走。

那么在麦西那海峡出现的复杂蜃景究竟是什么市镇的折射像呢?直到今天人们还在争论不休。有人说那是西西里岛麦西那港口,有人相信那是一处海岸,岸上树木山石因放大和变形而看似宫殿和高阁。更有人说那是意大利的一个偏僻渔村的影子,通过海市蜃楼的魔力,变成了一个美丽市镇。

神秘现象
"火雨"之谜

火雨是一种极为少见的自然现象,世界范围内的森林大火很多都是由火雨造成的。因为这种雨很容易引起火灾,所以它才被人们称为"火雨"。大约一百年前,火雨毁灭了亚速尔群岛地区的一支舰队;而在得克萨斯,火雨也曾引起了草原上的特大火灾。

由于火雨是瀑布式倾倒,所以由其产生的火灾很难扑灭。发生这种火灾时,不仅要扑灭已燃烧着的物质,还要集中精力对付高达2 000℃的热雨。为此,扑救这种火灾时除了要使用水,还要使用特殊的硅质粉,以隔断热源同氧气的接触。

火雨的成因

对火雨现象的解释,目前存在两种观点:

一种认为这是由彗星散落后的零星物质落入地球而造成的。从彗星在太空散落,到地球上出现火雨,这期间应该需要2—6年。由于近年来天体物理学家观察到越来越多的彗星散落现象,所以非常有可能在最近6—15年内出现火雨现象。届时火雨造成的火灾的数量每年将达8起,而50年后每年将达30起。

另一种观点认为,火雨现象是我们尚未认识到的另一个文明世界对我们的破坏活动。这种想法从表面上看,似乎是天真的,但持这种观点的人认为,如果火雨现象来源于宇宙,是彗星散落的产物,那么化学家通过光谱分析应该能发现火雨中所含有的彗星化学成分,但迄今为止,化学家在这方面的研究仍没有最终结果。

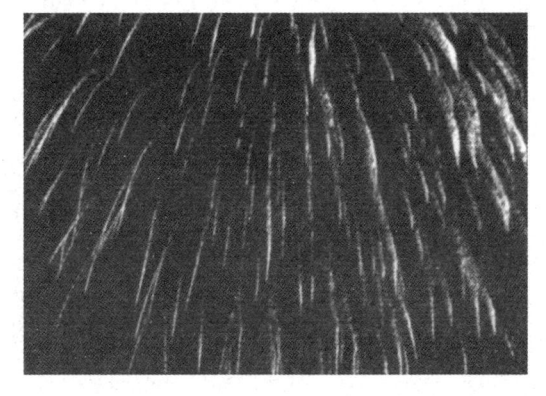

世界神秘现象

神秘现象
神秘的空中图像

大自然中有很多科学无法解释的神秘现象,其中最令人们感到惊异的莫过于世界上常常出现的天象图。

怪异现象

1999年1月18日上午,新疆地区在几场大雪过后,昭苏高原上空出现了一幅神奇的景象,如一片江河、湖泊在天空中闪现。在水域的旁边矗立着风格迥异、造型别致的建筑物。欧式小洋楼与独具现代化气息的摩天大楼交相辉映。马路上车辆穿梭,川流不息。路上还有头戴礼帽,身着华服的人匆匆前行。

据西方媒体报道:1993年2月1日,饱经战火洗礼的索马里发生了一场飓风沙暴,天空、路面一片昏暗,突然沙暴停止,天空中出现了一幅清晰的耶稣面容画面,长约150米,在场的所有人都目睹了这一空中奇观。当时的美国海军陆战队卡马拉少校在现场拍摄到了这张神奇的照片,照片中耶稣的面容清晰可见。据目击者称,耶稣的脸在空中出现了五六分钟,之后便随风飘散。

第二次世界大战期间,英美联军在诺曼底登陆后,在法国领土上,同德军交战,战争愈演愈烈,黑暗的天空顿时成为一片火网。就在此时,天空突然出现了一面巨大的纳粹旗。英美联军大惊失色。联军指挥官命令打开探照灯,炮击空中的巨大的标旗。突然,这一"天然标志"从空中变形散落,匆匆坠落,只留下长长的烟痕。这之后,纳粹党卫军迅速溃败。英美联军指挥官们都认为,这是德国科学家们为鼓动法西斯军队的意志而故意制造的"天象

自然未解之谜

图"。直至德军战败后，其他国家的军事科学家们都没能得知这幅天象图中隐含的奥秘。他们查看了所有德军的军事档案，均找不到关于此事的记载。人们不禁产生了种种疑惑，如果说，这一图像是自然形成的，为什么会在战场上突然出现呢？谜团仍有待破解。

1990年6月的一天，苏联的奥德萨地区，碧空万里无云，月光铺洒大地。谢尔盖一家正在自己的花园中纳凉，突然一阵风吹过，天空中出现了一幅巨大的图像。图像中有一张巨大的古典式安乐椅，椅子上坐着一位头戴王冠，身着欧洲中世纪宫廷长袍的中年女子。谢尔盖全家目瞪口呆，谢尔盖的妻子立刻拿出相机，对准天空拍摄了十几张清晰的照片，当照片在苏联各报刊登出后，人们纷纷议论，而且很多人都说自己也看到了同样的画面。苏联科学家们也无法解释这一奇观形成的原因是什么。

而在同年10月的一天，苏联雪比察市的市民们突然看到晴空中出现了一幅美艳绝伦的女子全身像。而且人像占据了大半个天空，她仰靠在一张躺椅上，金发披散下来，一双清澈的眼睛在不停地转动着，像是在俯视她的市民们。当地电视台、报刊记者们都把录像机、摄影机的镜头对准了天空，拍下了这位天空中的"仙女"。这一奇观历时半个多小时，才逐渐消散成一块块不规则的金黄色云块，消失在无边无际的苍穹中。

科学谜团

种种天空奇观的出现，令苏联科学界和克格勃苏联国家安全委员会大为震惊。为了研究这一触目惊心的天象奇观，克格勃组织科学家成立了调查研究小组，对这一神奇现象进行全面探究。

有些科学家认为：美国拥有这项制造"天象图"的高科技，这是

世界神秘现象

在继承纳粹德国军事科学的重要成果。但苏联解体后，一些俄国科学家又对这些图像资料进行反复研究，最终认为，以人类当时的科技水平是无法制造出这样神奇的"天象图"奇观的。

美国物理学家康拉德尔教授认为：天象奇观的出现是自然现象。由于地球自转及阳光、温度、风力的变化，天上的云彩会不断变幻。在这样不停的变动中，地球的某一区域上空自然会出现几幅类似某种图案的"天象图"，人类不必为此感到惊奇。日本著名气象学教授认为：天空犹如一个巨大的"万花筒"，空中云层浓密，光照反射强烈，"万花筒"又是在不停变化着的，所以在千变万化之中偶尔形成图像的可能性非常高。

美国天体物理学家文达尔克博士则对上述说法持反对意见，他认为：这样的解释太过于简单，无法针对具体问题进行分析。"天象图"的形成，肯定不会是自然界的变化巧合形成的。他认真地研究过多幅"天象图"照片，并一直坚信有"地外文明"存在，"天象图"就是外星人向地球发射的信号，是一种有意制造的"迷魂阵"，以此来吸引人类的探索。时至今日，关于玄妙奇异的"天象图"的种种说法都只是人们的假想和猜测，若要揭开"天象图"的秘密，还有待于人类进一步地观测研究，至此妄下定论往往是非常不现实的。

神秘现象
奇异的定时雨

一年365天，雨随时会下，并无固定的日子和确定的时间。但在一些地区，竟然真有"定时雨"，即在一定时间一定会有雨水准时降下。

几种类型的"定时雨"

美国宾夕法尼亚州的韦恩思堡，在每年的7月29日，即使前一天还是万里无云，烈日当空，一到这一天，雨水便会从天而降。当地人们把这一天定为"降雨日"。

更为奇怪的是，在巴西的巴拉城，每天都要下几次雨，而且每次下雨的时间都相同，因此，巴拉城的市民们都习惯于用下雨的次数来计算时间。如果约定见面时间，不说上午几点或下午几点，而是说第几次雨后。

印度尼西亚爪哇岛的土隆加贡区，每天都有两次准时降临的大雨，一次是下午3时左右，一次是下午5时30分左右，当地小学生上下课都不用时钟报时，而是把两次下雨时间作为上课和放学的时间。

世界神秘现象

神秘现象
海底世界的飘雪奇观

海洋赋予了人们无尽的遐想,而海底的奇观更令人们为之神往。深海飘雪,乍听起来让人们倍感疑惑,但是你不得不承认,这一现象真的发生在海底世界中。

奇景突现

1973年的夏天,美国海洋科学家们执行"美法联合大西洋洋中脊水下考察计划",他们乘船来到大西洋海域,准备搭乘"阿基米德"号深潜器进入海底,实地考察洋底断裂情况。

"阿基米德"号缓缓潜入海洋深处,当深潜器下潜到两千五百多米的深海时,科学家们透过观察窗看到探照灯所照射到的范围内,有无数像雪花一样的东西纷纷洒洒地飘落,有时还会呈现出成串的雪片,从观察窗前掠过。海洋科学家们虽然有过多次下潜经历,进行过多次海底考察,但从来没见到过如此壮观的海底雪景。

浮游生物

深海中的"雪片"使科学家们一头雾水。他们开动潜水器的机械

臂，将海底的"雪片"收到取样器中，打算对其进行深层分析。经研究发现：这些絮状的物质其实并不是雪片，而是海底的浮游生物。于是，科学家们将这种物质命名为"浮游生物雪"。

至此，大西洋深处的浮游生物学，开始引起了海洋科学家们的关注。之后，便不断有人潜入深海对这一海洋生物进行勘察。当他们在为这一深海奇异景观而慨叹的时候，无不产生种种疑惑，深海"雪花"只是浮游生物吗？除了浮游生物这种絮状物质外，能否还有其他物质能够形成"海雪"呢？科学家通过研究发现：形成"海雪"的物质除了浮游生物外，还有多种悬浮着的颗粒，如海底生物体经化学作用被分解成的碎屑，包括生物排泄的粪便等等。但仅仅是这些物质，也无法单独作用形成纷飞的雪景。

光作用的结果

此外，科学家还发现，"海雪"奇景只是在特定环境中才能够发生，即它仅发生在探照灯灯光照射到的区域内。这一事实给科学家们以启示。其实"海雪"奇景是海底光照作用的结果。我们日常生活中常常会看到这样的现象，当阳光透过门缝射进房间时，就可以看见光束里飘舞着一些灰尘微粒。而深潜器上的探照灯直射海底的时候，絮状物或生物体碎屑、生物粪便之类的物质就像尘埃一样在光影下舞动，发出闪亮的白光，同时由于光在水中的折射作用，使悬浮物看起来比实际大，突然看去会误以为是雪花呢。

由于这些飘飞的雪片是由浮游生物、生物尸体碎屑和其粪便物组成的，其中含有大量的养分，因此，"海雪"是深海鱼类的理想食物。但是，若要弄清"海雪"的形成机理，并不是一件容易的事，科学家们仍需要付出更多的努力，以探究海底世界的深蕴内涵。

神秘现象
奇异的滚地雷

自然界中常常有很多奇异的现象，球状闪电就是其中之一。它之所以神秘，是因为它并不常见，它行踪诡秘，色彩与外形变幻无常，霎时间就会产生极强的破坏力。

球状闪电又称为球雷、球闪，是一种人们无法解释的自然现象。有些目击者称，他们看到了彩色的火焰状球体闪电穿越实体，甚至能穿透飞机的机身，当它咆哮着窜入房间时，往往会按照自己的路线行进。有些目击者认为，球状闪电是一种富有智慧的物质，它似乎知道自己行动的方向。但这种说法只是人们的想象罢了。

球状闪电的形状各异，有的呈梨状、有的呈哑铃状，而且常见的颜色有红色、橘红色、蓝色等。球体直径通常为100—300毫米，有时也会达1 000毫米。当球状闪电从天空降落时声音微弱，甚至无声，有时则会发出"咝咝"的响声。球闪的移动路线极为特别，它喜欢挤门缝、钻烟囱，有时还喜欢顺着电线向上滑动，同时还伴随着"嗡嗡"的声响。当球闪距地面约一米左右时，会沿水平方向以约2米/秒的速度上下跳跃，有时会在距地面约一米时到处滚动，因此，人们常常将这种奇特的火球称为"滚地雷"。

球状闪电持续的时间较短，通常为3—5秒，偶尔为百分之几秒到几分钟，有时也有持续十几分钟的。火球在跳跃过程中遇到物体时会发出震耳欲聋的响声，同时会释放出臭氧、二氧化氮、硫磺气体等，易造成伤亡、火灾等事故。

科学家推测：枝状闪电是产生球状闪电的必要条件，但球状闪电的存在时间较短，较为罕见，令人们难以追踪，所以对人类来说还是一个难以解开的谜团。但人们可以对球状闪电进行有效预防，雷雨天气时，要紧闭门窗，若遇到跳动的火球，切忌去碰触它，避开即可。

自然未解之谜

神秘现象

天空中的玉带之谜

极光是南北极地区特有的一种大气发光现象。它轻盈地飘荡，同时忽暗忽明，绚丽无比。如今，人们对极光现象已做出了科学解释，但仍有很多神秘现象有待于人们去探索。

关于极光的传说

关于极光有很多神奇的传说。相传公元前两千多年的一天，夜晚来临，黑暗渐渐笼罩大地，把远山、近树、草木、河流等都掩盖了起来。一位名叫附宝的年轻女子独自坐在旷野上欣赏夜晚的清幽，天幕上，群星闪耀，仿佛眨着眼睛俯瞰人间。突然间，大熊星座中飘出一缕美丽的光带，如烟似雾，飘摇不定，它如行云流水般时动时静，最后形成一个硕大的彩色光环，环绕北斗星飘动。附宝目睹了此景，心中不禁为之震动，之后便身怀六甲，生下儿子，这个男孩就是轩辕黄帝。

在《山海经》中也有关于极光的记载。书中描述北方有一位神仙，形貌如同一条赤色的蛇，在夜空中熠熠发光，它的名字叫触龙，而这里所指的触龙，实际上就是极光。

世界神秘现象

极光是人们能够用肉眼看到的一种特殊的光芒，是一种高空大气现象。极光常常出现在南北极地区，这种光芒的呈现是由高空大气辐射造成的。我国处于北半球，所以只能见到北极光。在我国古代由于没有"极光"这一词汇，人们往往根据极光的不同形状分别对其加以命名，如"天狗""刀星""星陨如雨"等，后来"极光"这一术语从拉丁文"伊欧斯"一词转换而来。

传说伊欧斯是古希腊神话中黎明的化身，她是希腊神泰坦的女儿，是太阳神和月亮女神的妹妹，同时也是多种风和多颗星的母亲。艺术作品中也有对伊欧斯的描绘，她被说成一位年轻的女子，她与年轻的小伙子手挽手，快步前行，或驾驶四轮车飞奔，从海中腾空而起；有时她也被描绘成一位能够伸展双翅，向人间播撒甘露的女神。

自然界的奇异现象

极光被视为自然界中最美丽的奇观之一，它被赋予了太多美好的意象。假使我们乘坐宇宙飞船飞越极地上空，向地球遥望，就会见到围绕着地球磁极的闪闪发亮的光环，即极光卵。由于光环面向太阳的一侧略被压扁，而背对太阳的一边略被拉伸，因此呈现出卵状形态，极光卵便由此而得名。极光卵处于连续不断的变化中，忽明忽暗，时而向赤道方向伸展，时而向极点方向收缩。长期观测结果表明：极光常出现在南北纬67°附近的环带状区域，分别为南极光区和北极光区。在极光区内几乎每天都会有极光出现。而极光卵所涵盖的区域，通常又叫作极盖区。但是在极盖区极光出现的几率反而要少得多。

在中低纬地区是很少能见到极光的。但是1958年2月10日夜间出现的一次特大极光，在热带地区都清晰可见，极光呈现出鲜艳的红色，景象尤为壮观。据研究分析，这类极光通常与地磁暴和太阳耀斑爆发密切相关。

美丽的极光形态万千、五光十色，但毫不夸张地说，世界上没有两个完全相同的极光形态。从科学研究角度来讲，人们按照极光的形态特征将其分为五种：底边整齐微微弯曲的圆弧状的极光弧、有弯曲褶皱的飘带状极光带、云朵状极光片、帐幔状的极光幔以及沿磁力线方向的射线状的极光芒。

极光形体的亮度变化非常大。当强极光出现时，地面物体的轮廓清晰可见，甚至能够反射出物体的影子。但最令人震惊的是极光运动所产生的瞬息万变的奇异景象。极光就如同自然界的魔术师，它在天空这一舞台中上演一幕精彩的舞剧。

人们在感叹极光之美的同时，内心也会油然而生出一种莫名的疑惑，极光究竟是怎样形成的呢？我国古人将极光的出现视为灾难的象征，但是随着科学的进步，人们已不再相信这样的说法。但是迄今为止，这一问题仍未能得到最为科学合理的解释。在相当长的一段时间内，人们一直认为极光的成因为三种：一种看法认为极光是地球外部燃起了熊熊大火，而极地又是临近地球的边缘地带，所以能够清晰地看到火势的蔓延。第二种说法是，极光是夕阳西下时，太阳透射反照出来的辉光。还有一种看法认为，极地冰雪在白天吸收了阳光，将光芒储存起来，到夜幕降临后释放出来，便产生了极光。总之，对于极光的形成原因众说纷纭，无一定论。直至20世纪60年代，有科学家将地面观测结果与卫星、火箭探测到的资料相结合进行研究，最终对极光形成了物理性描述。

极光中深隐的谜题

如今人们认识到，极光的形成一方面与地球高空大气和地磁场相

世界神秘现象

互作用有关，另一方面也与太阳风密切相关。由此可见，大气、磁场和太阳风是极光形成的必要条件，三者缺一不可。若其他行星周围也具备这三个条件，那么也会产生美丽的极光。

地球周围的地磁场被太阳风包裹着，从而形成了一个柱状胶体，即磁层。为了将这一现象更加形象化，人们做了一个形象的比喻：将地球磁层看作一个巨大的显像管，它将进入高空大气的太阳风粒子流汇集成束，并统一汇聚到地磁的极地地区，极地地区大气即为显像管的荧光屏，极光就如同电视机屏幕上不断闪动的影像。但是，地面上的观众是十分渺小的，只能在某个地方观看到屏幕的一角。而在电视显像管中，电子束直接射到电视机屏幕上，由于屏幕上具有发光物质，能够反射光纤，因此会将这种物质显示成图像。同理，来自空间的电子束撞击到极地地区高空大气层时，会与大气中的分子、原子相交汇，产生光芒，这便成为人们可见的极光。

极光不仅是光学现象，同时也是一种无线电现象，人们可以用雷达进行探测研究，在发出光芒的同时它还会辐射出大量无线电波。有人称，极光能发出多种声音，但迄今为止也没有人能真正地解释这种声音发出的内部原理。可以说，极光不仅是科学研究的重要课题，同时也是影响气候、生物学过程等等的重要物质。极光内部还有很多深隐的谜团等待人们去破解，无数奇异的极光现象还有待于科学的进一步证实。

自然未解之谜

神秘现象
离奇的活人失踪谜案

1880年9月23日的傍晚。在美国东部的田纳西州的一个名叫卡兰迪的乡间小镇上,发生了一件离奇的活人失踪案。事件的主人公——大卫·兰克先生是这个小镇郊外一家大牧场的牧场主。

事发经过

事件发生前,兰克先生曾邀请友人——贝克法官和洛伊先生到家里共进晚餐。傍晚时分,贝克法官和洛伊先生乘着马车准时来到兰克先生家。

当时,站在大门前面的兰克先生听到马车声,便与妻子和两个儿子一同前往迎接。

"欢迎!欢迎!"

只见兰克先生一边热情地挥着手,一边走向马车上的客人。可就在这一瞬间,他突然消失了。

这究竟是谁在搞怪?

在场的每一个人面对这突如其来的怪事,都目瞪口呆。

警察们将整栋建筑做了彻底的搜查,而且动用了警犬来搜索,可是仍旧没有兰克先生的影子。美国当地的报纸,几乎有一个月的时间都在以"兰克消失事件"为题大做文章。这一事件轰动了全美,但经过多方调查寻找,兰克先生还是音信全无。

又过了数月,兰克先生的儿子来到父亲消失的马车前,忽然听到了一个奇怪的声音:"我好苦啊!好苦啊!"

于是警方又立即出动,不过依旧毫无收获。究竟兰克先生为何失踪?他现在是生是死?我们一无所知。

世界神秘现象

神秘现象

神秘的位移

地球上总有一些神秘的事件发生。1983年7月,在比利时杜尔地区的瓦洛尼镇居住的克里斯蒂·波格朗和雷吉纳尔·波格朗夫妇,发现他们14个月大的婴儿吉尧姆的卧室里时常在夜里传出一种怪声。为了安全起见,他们请警察协助将这件事搞清楚。

警察调察的结果

警察在吉尧姆的房间,用粉笔把20千克重的小床4条腿的位置画在地板上,然后关上门下楼。楼上除了熟睡的婴儿外,没有任何人。过了10分钟,楼上突然传来低沉的声响,警察上楼后,发现门微微开着,而那张床竟移动了30厘米。

警察局局长托马在没有惊醒孩子的情况下,把这张床搬离墙面25—30厘米,然后离开房间,把房门关上。大家耐心地在楼下等了一刻钟。在这段时间里,没有任何人走进小孩的房间,这一点绝对可以肯定。但是,当大家再一次走进小孩子的房间时,这张床竟然重新回到了原来的位置上!可爱的吉尧姆仍然在床上睡得很香甜,而那扇离开时关上的门又微微开着。难道是风把门吹开的?但微风怎么能使一张长1.5米、重20千克的床挪动位置呢?真令人不解!

发现地质断裂带

有人推测,也许是因为波格朗家住的那间房子盖在了一座老矿上面,所以才出现了这种怪现象。为此,他们特意查看了当地的地质图,发现杜尔地区的确靠近一条重要的地质断裂带上。难道这就是小吉尧姆的床自动挪位的真实原因吗?

地质断裂带与神秘的位移现象究竟有怎样的关联,人们仍在不断探索。

自然未解之谜

神秘现象

空中"录音"现象

1951年7月26日,在法国海边的一个小旅馆,诺顿太太等一行5人正在度假。然而就在她们结束旅行,准备返回伦敦的前一天晚上,经历了一生中最不可思议的事情。

1951年8月4日凌晨,她们一行人中的两名女子被一阵阵的炮火声惊醒,而此时正是早上4时20分。她们从床上跳起来,冲向阳台,朝着通往海边的小路张望,想要找出声音的来源。然而一切正常——小路上什么也没有,没有来往的车辆,没有军队,也没有炮火,只有阴暗的悬崖、黑暗的屋顶和寂静的夜空。

然而那炮火声又的确存在,而且越来越猛烈。战士的喊叫声在逐渐升高,炮声越炸越响,还有一架架飞机在夜空中怒号,并不时伴有炮弹的爆炸声。

"战争"仍在继续。她们其中一人曾当过兵,一种士兵特有的警觉让她很快从惊恐、疑惑中缓过神来,对照着手表按顺序记录下了所有"听到"的事情的发展过程。

事实真相

事实上,在这3个小时里,她们所听到的枪炮声、飞机轰鸣声,正是9年前发生在这里的那场战争的再现。她们的叙述和军事记录上的记载几乎相差无几。

她们叙述说:上午4时左右,听到喊声"如雷轰鸣",其间夹杂着炮声和越来越响的轰炸声。

同盟国的正式军事记录是:上午3时47分,同盟国战斗机与德国战舰交火。驻扎在海滩上的双方部队互相射击。

世界神秘现象

她们叙述说：4时50分，突然一切都静寂下来了。

军事记录上记载：4时50分，部队在普维斯登陆，然而计划执行时间仍比原定时间晚了17分钟，在此期间，枪炮声停了下来。

她们叙述说：5时7分，俯冲轰炸机发出巨大的声音，同时伴有微弱的喊叫声。

军事记录：5时7分，登陆船只在炮火的猛烈攻击下强行冲上海滩，接着驱逐舰炮击达埃比，飞机在空中向海滨建筑物扔下炸弹。

她们叙述说：5时40分，一切又重归静寂。

军事记录：5时40分，海军停止炮击。

她们叙述说：5时50分，传来大批飞机的轰鸣声，并伴有微弱的嘈杂声。

军事记录：5时50分，盟军空军增援部队到达，与德军飞机在空中遭遇。

这两位妇女所住的地方是靠近达埃比港的一个沿海村子，即二战时期3个登陆点中的1个。

科学家们就此事调查了附近所有的居民和客人，没有任何人听到过什么异常的动静。而这两名英国妇女的话又怎样解释呢？她们并没有参加过那场战斗，当时也没有留下任何现场录音，她们或许看过有关的故事，但绝不可能看到过机密的军事记录。那么，为什么她们居然能在9年后在当年盟军登陆的地方听到同那场残酷战争如此相符的声音呢？

科学家兰伯特教授特地约见了两位女子，并以隔离的方式仔细地询问了她们。经过一系列的检查后，他在报告中说道："她们是两个身心健康和诚实的妇女。"

中国发生的类似事件

类似的怪事在我们中国也发生过不止一次。

在中国山海关附近的某地，

夜晚在这里露宿的地质考察队员们忽然听到帐篷外杀声震天,刀剑碰击声和战马嘶鸣声交织成一片。天亮以后,地质队员们看到周围依旧是一片郁郁葱葱的森林,看不见有任何战斗过的痕迹。第二天夜晚又发生了类似的现象,队员们迅速冲出帐篷,用手电筒四处照射,可什么也没有看见。后来,他们从史料中得知,这里曾是一个古战场。

1980年6月的一天,湖北省水文地质队的几名地质队员路过陕西省旬阳县境内一条峡谷时,随着阴雨阵阵,山风萧萧,峡谷中突然传出一阵刺耳的枪声,大人、小孩的哭喊声连成一片……而此时的峡谷空无一人。怪哉!这恐怖之声究竟来自何处呢?

据说解放前夕,曾有一个马戏班路过这条峡谷,途中遭到了一支国民党军队的疯狂屠杀。当时正值阴雨季节,也同样是阴雨阵阵、山风萧萧。枪声、男女老幼的惨叫声响彻了整条峡谷。从那以后每到这个时节,一遇上阵阵阴雨、萧萧山风的天气便会再现当时凄惨的声音。

这离奇枪声的再现,引起了科学家们极大的兴趣和猜测。

"录像"现象

自然界除了有上述"录音"外,还有更为神奇的"录像"。

17世纪的一天半夜,在英国的凯车地区,夜空中曾出现过两支穿着金盔铁甲的军队在横刀跃马,互相厮杀。据历史记载,这个场面是发生于两个月前的希尔战役的重现。此后,上述影像又重复出现过多次。

探寻原因

一些科学家解释,地球是个大磁场,除磁铁矿以外,很多东西都可能具有磁性,只不过有强有弱罢了。在磁场强度较大的环境里,当有适宜的温度、湿度、地理等条件时,人物的形象、声音就很可能被周围的建筑物、岩石、铁矿或是古树记录并储存下来。当再遇到相似的温度、湿度或放电等条件时,这些被储存下来的图像或声音就可能会释放出来。当然,也有一些科学家不同意这种观点,他们认为这是自然界里面的激光在起作用。还有一些人认为,这可能是具有"记忆"能力的铁钛合金一类的物质所起的作用。谜底究竟是什么?目前尚无一种可以说服所有人的解释。

世界神秘现象

神秘现象
被雷电跟踪的人

我们常常听说有人遭遇雷击事件，却从没听说过有人被雷电跟踪这样奇怪的事。虽罕有听闻，但这样的事确实有过，美国公民瑞克·迪玛瑞利斯就是一个总是被雷电跟踪的人。

天空一旦出现闪电，瑞克就迅速躲进后院一间用绝缘材料搭成的小屋中。奇怪的是，他的家族成员也总是隔代被雷击，他的祖父就死于闪电袭击。那是一个晴朗的夏日，祖父坐在草坪的椅子上读报。雷电突然出现，他的祖母急忙跑到院子里，见草坪已烧焦一大片，祖父倒在地上，耳朵和鼻子还在冒着烟，面部呈紫红色。

作为一个现代青年，瑞克并不迷信。他在大学里获得了数学和物理学学士学位，做了22年的航空失事率分析，他设计的多用途意外事故记录仪，至今仍在世界很多机场被使用。1988年的一次意外事件发生之后，瑞克便刻意保护自己以提防雷电袭击。他砍掉了房子周围所有的高树，拆掉了室外电视天线，穿上了胶皮靴。他还尽量避免接触妻子的身体，要是他在早饭桌上摸摸她的手，她便会触电似的躲开。瑞克的妻子拔掉了屋内的所有电源插头，还把绝缘水晶玻璃碎片

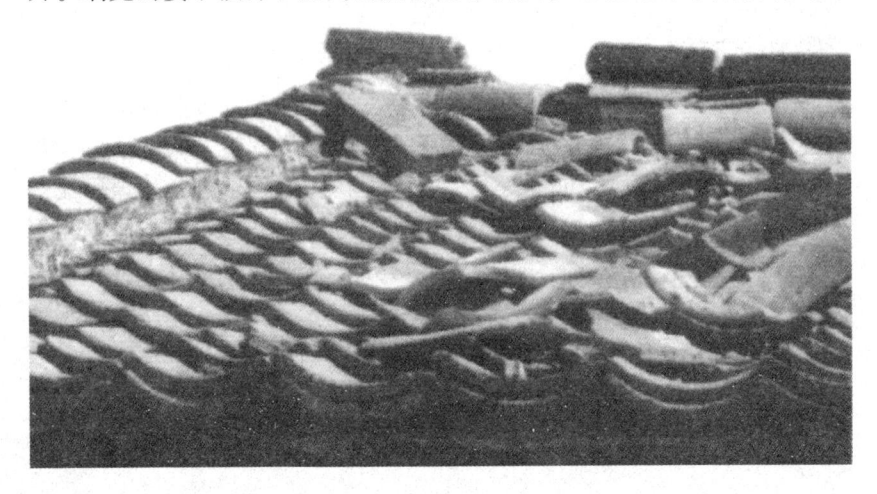

垫在床下。即使常被玻璃扎到,她也坚持这样做。她还套上胶皮套袖,穿上靴子,在身上涂抹了一层防静电绝缘油。瑞克曾到医院检查过,检查结果表明他的血液、骨骼和组织都正常,只是头发中铜、锌和铁的含量高了一些。他向医生进述了家族的悲剧:祖父因遭遇雷击死于草坪之上,而祖父的祖父被雷击死在牧场上,他的堂兄是在暴风雷雨中打电话时被雷电击死的。瑞克的大哥因家用微波炉的微波引起他的心脏纤维颤动,不治而亡。

逃脱不掉的噩运

瑞克的话在医生看来并无理论依据,医生虽不确信,但还是建议他加强自我保护。一个周末,朋友台德约瑞克去湖中垂钓,他忘记了船底是铝制的。一开始天气晴朗,后来天气骤变,远处山林传来阵阵雷声,瑞克的钓竿碰到船底,传来一阵金属撞击声。瑞克的脸顿时变得惨白,他赶紧向岸边划去,但为时已晚。瑞克的嘴里喷出火来,空气中有一股洋葱的味道,船烧着了,把他们钓的鱼全都煮熟了,最后,铆钉熔化,船也裂开了,他们两个都掉进了湖里。台德后来告诉瑞克:"我当时看到了你的骨架,看到了你的心脏在跳动,你通体透明。"这次遭遇使瑞克的面部肌肉落下了痉挛症,看上去总是傻笑不止。

瑞克再也不敢出门了,一天的大部分时间都是躲在密封的屋子里。对他的遭遇科学家们一直找不到原因。

世界神秘现象

神秘现象

会"唱歌"的岩石

在美国加利福尼亚州的沙漠地带,居住着许多印第安人,那里有一块巨大的岩石,几乎有好几间房子那么大。每当天空中升起圆圆的月亮,印第安人就陆续来到这块巨石周围,点起一堆篝火,然后就静静地坐在地上,冲着那块巨石三叩九拜……篝火熊熊地燃烧着,卷起一团团浓浓的烟雾,没多久,就把巨石紧紧地笼罩住了。此时,那块巨石慢慢地发出了一阵阵迷人的乐声,有时委婉动听,好像一首优美抒情的小夜曲;有时哀怨低沉,好像一首幽怨的悲歌。巨石周围的印第安人一边顶礼膜拜。一边如痴如醉地欣赏着这美妙的音乐。滚滚的浓烟和这神奇的乐声,飘向了空旷的沙漠,升入了深邃的夜空。

为什么这块巨石会发出那样动听的音乐呢?这块巨石里面又隐藏着什么样的秘密呢?对于这些问题,没有人知道,也没有人能够说清楚。

发声岩石

在美国的佐治亚州,也有这样一些会发出声音的岩石,人们称其为"发声岩石"。这里到处是大大小小的岩石,它们不仅能够发出声音,而且这些声音就好像一首首美妙的乐曲。如果人们用小锤轻轻敲打这里的岩石,无论是大块的岩石,还是那些小小的碎石片,都会发出非常悦耳动听的声音。这奇妙的声音不但音韵纯美,而且响声特别清脆,像是从高山上流下来的叮咚作响的清泉,沉浸其中,令人身心俱醉。如果不是亲眼看见、亲耳听到的话,人们根本不会想到这声音是因为敲打岩石而发出来的。更让人感到惊奇的是,这里的岩石只有在这个地方才能被敲打出如此悦耳动听的音乐。有人曾经作过一个有趣的试验,把这里的岩石移到其他地方,无论怎样敲打都发不出那种美妙的声音。

神秘现象
石头谋杀案

石头会杀人,这是闻所未闻的。然而在非洲马里,7个地质队员就因一块形如鸡蛋的石头而相继死去,原因至今不得而知。

怪石杀人

1968年8月,地质勘探队队长阿勃率领6名地质队员进入马里境内的耶名山勘探。

他们在山中发现了一块重约5吨,形状类似鸡蛋的石头,它上半部分呈金黄色。阿勃命令地质队员把巨石搬到卡车上,准备带回去慢慢进行研究。卡车行驶不久,搬运巨石的6名队员突然感到手脚活动不灵,且全身有麻木感,视线也很快模糊起来,大家非常害怕。阿勃命令司机马上改道先去医院。医生检查发现,6名地质队员的手、脚及全身都已沾上了放射性物质,而且剂量相当高。1个月后,这6名队员相继去世。队长阿勃也因在这块石头上休息过,随后死在了病床上。

解读真相

放射性物质危害人体健康,当受到大剂量的放射性物质辐射后,人体就会受到严重伤害。可放射性损伤一般不会马上出现症状,更不会在短期内使人死亡。根据以往的经验,曾有人在核事故中被烧伤,并受到严重的放射性物质伤害,但没有在短期内就突然死亡的。所以把7名地质队员的死亡原因单纯地归结为放射性伤害是不准确的,而几位地质队员确切的死因也无法得到较合理的解释。

世界神秘现象

神秘现象
能治病的圣泉

"圣泉"的泉水有一种神奇的力量,它的神奇传说由来已久。在法国比利牛斯山脉中一个名叫劳狄斯的城镇附近遍布岩洞,其中一个岩洞后有一道泉水飞珠溅玉,终年不息,这就是传说中的"圣泉"。

据统计,每年有四百多万人去劳狄斯,其中大多是身患重病,甚至是病入膏肓或已被现代医学宣判"死刑"的病人。他们不远千里来到这儿,就是希望在圣泉的水池内洗个澡以便能使自己的病情减轻一些。

在"圣泉"发生的奇迹

有名意大利青年,名叫维托利奥·密查利,21岁应征入伍。不久,他由于左腿持续疼痛,住进凡罗纳医院治疗。经过活组织检查,诊断他患上一种罕见的癌症,癌细胞已破坏左腿的骨头和肌肉。该医院便将他转到特兰德军队医院,军医院也无能为力,又将他转至博哥肿瘤中心医院。

密查利在肿瘤中心医院里做了进一步检查。医生预言他至多只能再活1年,这样他就又被送到了特兰德军队医院。在那里,他住了9个半月,左半侧从腰部至脚趾都打上了石膏。X光透视发现他的病情一直在恶化。

1963年5月26日,小伙子在母亲的陪同下历尽艰险到达劳狄斯,准备第二天去圣泉沐浴。

圣泉的接待人员很多。他们大都是接受沐浴后恢复健康的人,病愈后就自愿来此当义务护理员。密查利被几名护理员脱去衣服,光着

身子进入冰冷的泉水中，但打着石膏的部位并未浸着，只是用泉水进行冲淋。从圣泉归家后仅数星期，他突然产生了要行走的欲望，而且果真拖着那条打着石膏的左腿从屋子的一头走到了另一头。此后几个星期，他坚持不懈地在屋子里来回走动，体重也慢慢增加了。到了年底，疼痛感竟全部消失了。

1964年2月18日，医生们为他除去左腿上的石膏，并再次进行X光透视。当放射科医生将片子送来后，医生们还以为片子拿错了，因为片子上明白显示出密查利完全损坏的骨盆组织和骨头竟然出乎意料地在14个月内再生了。1971年6月，法国《矫形术外科杂志》对此做了报道。

奇迹产生的原因

其实像这样的病例还有很多。据报道，在过去的124年中，这种被医学界所承认的医疗奇迹达64例，它们均经过设在劳狄斯的国际医学委员会的严格审定。该机构由来自世界10个国家的30名医学专家组成，这些专家均在某个医学领域具有一定的权威。

科学家们当然不会相信"圣母恩赐降福"的说法。法国著名生物学家、诺贝尔奖获得者艾列克赛·卡罗尔博士认为：这是心理过程和器官自愈过程间的联结，这种联结使一些原属不治之症的疾病得以痊愈。有的医学家则认为：很可能有些病症并非不治之症，纯粹是误诊罢了，故而在圣泉淋浴后便不治而愈了。不过这一怀疑似乎论据不足，因为病人先前的病史和诊断均经过严格的核实，核实这些数据的人员包括数百名医生及医学研究人员。

那么，圣泉"起死回生"的奥秘究竟何在呢？目前科学家们尚无定论。但随着现代医学的不断发展，人们一定能揭开圣泉神秘的面纱。

世界神秘现象

神秘现象
"恐怖谷"之谜

自然界是神奇的,它能够像"录音机"一样记录历史的声响,为后人见证历史的血雨腥风。虽然这一现象难以置信,但它真的存在。

土耳其西南部有一个令人毛骨悚然地方,人们称它为"恐怖谷"。"恐怖谷"平时非常寂静,但一到电闪雷鸣、风雨交加的时候,这里就会发出战马嘶鸣、众人呐喊和刀枪碰击的声音,听起来令人惊心动魄,如同两军对阵的战争场面。当地居民形象地称这是"鬼在打架",近100年来向来如此。

据历史学家考证,这里曾是古罗马和波斯军队发生战争的地方。新的科学发现表明,"恐怖谷"地下有一个巨大的磁铁矿,科学家推测这些恐怖至极的声音可能是磁铁与雷电相互作用,产生了天然录音效应的结果。因此,每当风起云涌,大雨滂沱的天气,到这里的人们就仿佛亲临了古代军队激战的战场,各种声响此起彼伏。不过"恐怖谷"的形成原因,只是人们的猜测,还需要科学家的探索,以期早日获得答案。

神秘现象
往高处流的水

我们都知道"水往低处流",可你是否听过或亲眼见过往高处流的水呢?这究竟是怎么一回事呢?

在非洲就有一条流往高处去的河流。这条河发源于安哥拉境内的比耶高原,沿安哥拉和纳米比亚的国界,浩浩荡荡向博茨瓦纳流去。这条全长一千六百多千米、年流量为110亿立方米的大河神奇无比,流至博茨瓦纳北部三角洲后突然不见了踪影。因此这条河被当地人称为"流到天上去的河"。距中国克孜勒苏柯尔克孜自治州乌恰县城190千米处,也有一条名为什克的神奇小河。水流沿着山坡逶迤而上,"爬上"一个高14.8米的小山包,然后才顺着山坡从另一侧向下游流去。河水为何往高处流呢?到目前为止,人类还无法解释这种现象。

世界神秘现象

神秘现象
夜明珠发光之谜

在我国许多古籍中,常常提到一些夜间发光的珠宝。这些奇珍异宝究竟是神话传说还是真有其物呢?

能发光的宝石

1916年,日本宝石学家铃木敏在所著的《宝石志》中提到过:日本的夜明珠是一种特殊的红色水晶,被称为"神圣的宝石";英国当代学者李约瑟认为夜明珠就是萤石;我国也有人推测,某些宝石白天接受阳光暴晒,至夜间即能放光。古人可能把这些东西加工成圆珠形或其他形状,这就是古今中外传说或史书记载的夜明珠。

据1984年《河北科技报》报道,我国在广东某矿上发现一种浅棕色的萤石,证实了史书记述的夜明珠确实存在。但是,这些放光的矿物都需要事先接受外界的能量刺激,与古书的叙述又不尽相同。有没有无须光照也能放光的珠宝呢?据说慈禧太后死后嘴里就曾含着一颗夜明珠。

夜光杯为何物

夜光杯最早出现于何时何地,已无从考证。属凉州故地的甘肃酒泉曾出产夜光杯,原料采自祁连山上的祁连玉,也有人称其为夜光石。不过这种祁连玉根本不会夜间发光。有人指出,今之夜光杯非古之夜光杯。但也有人认为,古之夜光杯本身也不能发光。那么它为什么被叫作夜光杯呢?

有人说,夜光杯壁薄,斟满后对月映照,月影倒映杯中,月光透过杯壁,与酒色相辉映而呈异样的光彩,故称夜光杯或夜光常满杯。

鉴于考古工作者至今没有在地下发掘到真正的夜明珠、夜光杯等文物,在自然界也没有见到过类似的矿物,关于它们的有无和奇异性质,目前仍是一个谜。

自然未解之谜

神秘现象
神奇的海火

1975年9月2日傍晚，在江苏省近海朗家沙一带，海面上突然出现了奇怪的亮光。亮光随着波浪起伏，就像燃烧的火焰那样翻腾不息，一直到天亮才逐渐消失。第二天夜晚，亮光再次出现，而且亮度较前日加大了。以后每天夜晚，亮度都逐渐加大。到第七天，海面上涌出很多泡沫，当渔船驶过时，激起的水流明亮异常，如同灯光照耀，水中还有珍珠般闪闪发光的颗粒物。几小时后，这里发生了地震。

海火的成因

这种海水发光现象被称为"海火"，它常在地震或海啸之前出现。1976年7月，唐山大地震的前一天晚上，秦皇岛、北戴河一带的海面上也出现过发光现象。1933年3月3日凌晨，日本三陆海啸发生时，人们看到了更为奇异的"海火"。海浪底下出现了三四个草帽般的圆形发光物，它们横排前进，色泽青紫。后来互相撞击的浪花搅碎了这些圆形发光物。

"海火"是怎样产生的呢？一般认为，这与海里的发光生物有关。水里的发光生物因受到扰动而发光是早为人们熟知的现象。这些生物种类繁多，除水藻外，还有许多细菌和放射虫、水螅、水母、鞭毛虫以及一些甲壳类和多毛类小动物。因此，人们推测，当海水受到地震或海啸的剧烈震荡时，便会刺激这些生物，使它们发出异常的光亮。

但也有一些学者持有异议。他们提出，在狂风大浪的夜晚，海水也同样受到剧烈扰动，为什么不产生"海火"呢？一些人认为，"海火"作为一种复杂的自然现象，很可能有多种成因，生物发光只是其中的一种，至于其他原因，至今仍是个未解之谜。

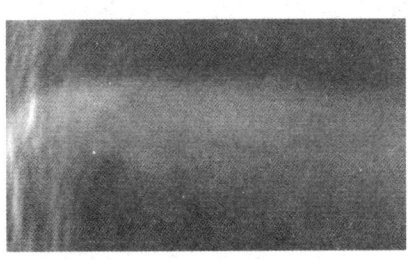

世界神秘现象

神秘现象
大海中的间歇水柱之谜

1960年,"马尔模"号航行在地中海上,船上的船员无意中发现一个奇异的、如白色积云的柱状体从海面垂直升起,但几秒钟后就消失了。

一段时间以后,这一奇怪现象再次出现。船员们用望远镜观察,发现这一水柱每次喷发的时间大约持续7分钟,而后消失,隔段时间以后又重新出现。

这一奇怪的水柱究竟是怎样形成的呢?对此,人们各持己见。有人认为,这一水柱是"海龙卷",于是,有人提出,水柱的产生是火山喷气作用的结果。地中海是一个有着众多的现代活火山的地区,但在水柱产生的区域,却又从来没有过火山活动的记录。而且,船员们在看到水柱时,也没有听到过任何爆炸声。若确是水下的火山喷发,其周围的海域也不会如此平静。所以,有人推测,水柱的出现,源于人为的水下爆炸。可是,水柱周期性喷发的特征和水柱出现时不伴有爆炸声,似乎排除了这种可能性。

"马尔模"号船员的发现,又给人们留下了一个未解之谜。

自然未解之谜

神秘现象

海洋中是否有"无底洞"

在希腊克法利尼亚岛的爱奥尼亚海域，有一个能吸进大量海水的无底洞，每天被这个无底洞吸进去的海水有3万吨之多。曾经有人推测，这个无底洞可能就像是石灰岩地区的漏斗、竖井和落水洞一类的地形。

我国四川省兴文县的石海洞，就有这样一个大漏斗。石海洞直径约650米，深208米。无论是暴雨倾盆，还是山水骤至，其底部始终不积水。每次检测都能够重新找到消失于漏斗里的水流的踪迹，它们或近或远总会在地面上重新出现。但是，克法利尼亚岛附近的无底洞却与此不同，在那里消失的海水无论采用什么方法进行检测，都再也找不到了。

永远的吞噬

为了揭开这个谜，美国地理学会曾派遣一支考察队先后两次到那里考察、试验。第一次试验毫无结果。第二次，考察队员用玫瑰色的塑料小颗粒给水做了"记号"。他们把130千克这种带有特殊标记的水倒入海水里。片刻工夫，所有的小塑料颗粒就全部被无底深渊吞没了。科学家指望这一次可以把秘密揭开，哪怕能在附近找到一粒塑料颗粒也好，但是他们的计划还是落空了。

那么这里的海水为何会没完没了地"漏"下去呢？"丢失"的海水究竟流到哪里去了呢？到目前为止，还没有人能告诉我们准确的答案。

世界神秘现象

神秘现象
"圣迭戈"号沉没谜团

1918年,一艘曾经叱咤风云的战列巡洋舰——"圣迭戈"号,在美国东北部纽约港海域,离奇地遭到攻击并迅速沉入海底。如今,静静卧在水下的"圣迭戈"号战列巡洋舰,向人们抛出了一个个谜题:它到底是如何沉没的?为什么去"圣迭戈"号上进行搜索和调查的潜水员会一去不回……

神秘的不明物体

1918年7月9日,第一次世界大战还在如火如荼地进行着。然而在美国东北部纽约港长滩上,却游人如织,美国本土的百姓依然享受着大西洋这个天然屏障给他们带来的安宁与和平,欧洲的战火似乎离他们很遥远。作为一处沿海风景区,长滩正吸引着众多的观光客前来享受大海的风韵和温馨。

此刻,一艘大型战舰缓缓地进入了人们的视野,这就是从美国北部新罕布什尔州普茨茅斯军港驶来的美国海军大型战舰"圣迭戈"号战列巡洋舰。该战列巡洋舰在1904年下水的时候,人们叫它"加利福尼亚"号。该战列巡洋舰在1907年正式服役。舰长为100米,宽约23米,人员编制为829名。1914年第一次世界大战爆发后,它才正式更名为"圣迭戈"号,并成为美国海军太平洋舰队的旗舰,巡游在浩瀚的太平洋上。1915年因锅炉发生爆炸,"圣迭戈"号不得不返回美国沿海军港进行维修。美国参战后,该舰加入了对德海战,并于1917年7月通过巴拿马运河进入大西洋,负责护卫美国海军战舰

作战。

"圣迭戈"号在那个时候已经成为美国海军的一大骄傲，排水量高达1.5万吨。它既有战列舰的身躯又有巡洋舰超强的作战性能。它的最大优势在于拥有极强的作战系统，配备有32门火炮，包括14门150毫米火炮和18门70毫米火炮，火力极其强大。一旦在海上和敌人遭遇，它可以对多个方向的敌舰发起猛烈攻击，是一座威力巨大的海上作战平台。

而现在进入人们视野的"圣迭戈"号正护卫着美国海军一支舰队驶回纽约长滩军港，看到了岸上的人们，舰员们也都不禁兴奋起来。然而，在10时左右，负责海面观察的水兵突然发现海面上有个东西在快速地上下移动。战舰官兵认为这很可能是德军潜艇的潜望镜。所有官兵紧急进入作战状态。舰长克里斯迪下令火炮进行攻击。一瞬间，一枚枚炮弹飞了过去，水面掀起了滔天巨浪。几乎在同一时刻，那不明物体也消失了。士兵们顿时感到了轻松。而此时危险仍旧潜伏在他们的身边，并没有如他们想象的一样远去了。

巡洋舰沉入海底

"圣迭戈"号继续向长滩行驶着。可是一场灭顶之灾正在向这艘巡洋舰靠近着。大约11时5分的时候，"圣迭戈"号巡洋舰下面突然传来了巨大的爆炸声响，所有水兵都被巨大的震动震得东倒西歪，有的甚至跌倒在地。爆炸虽然发生在水下，但声音巨大，附近的岛民和海军后备站的军官都听得清清楚楚。爆炸发生在巡洋舰发动机舱左舷，瞬间，在船舱左舷就出现了一个巨大的窟窿。这个巨大的窟窿出现后，海水随之汹涌而入，发动机舱很快就灌满了水。附近美军的其他战舰，包括驱逐舰和护卫舰，一看巡洋舰出事了，急忙过来救援。然而，巡洋舰的窟窿太大了，其他战舰根本无法挽救它的下沉。在短

短的 28 分钟的时间里,"圣迭戈"号便沉入了海底。幸运的是,其他战舰进行了及时的营救工作。巡洋舰最后共死亡 6 名水手,1 177 名官兵被救起。此外,巡洋舰的 28 名水兵落水后,向沿岸游去。这是一场马拉松式的游泳,14 千米的距离,水兵们花了很长时间才游到岸边。

难解之谜

　　事后,美国海军成立了调查小组,对此事展开调查。大家都认为,舰长没有错,他及时地让战舰进入了戒备,并采取了有效的措施。然而,巡洋舰到底是怎么沉没的,调查组没有获得任何证据。调查认为,巡洋舰很可能遇到了德军一艘代号为 u‐156 的潜艇,还有可能是遇到了水雷,因为那艘德国潜艇后来也沉没了。美国海军最终仍无法确定"圣迭戈"号到底是被潜艇鱼雷击沉的还是被潜艇布设的水雷炸沉的。近百年的时间过去了,"圣迭戈"号一直安静地躺在海底。当初它的离奇沉没仍是个谜。许多人想搞清楚它当年沉没的秘密,可是,迄今为止,至少有 6 名潜水员在水下探摸巡洋舰情况时死亡。这样,这艘巡洋舰先后导致了 12 人死亡。一时间里,"圣迭戈"号巡洋舰成了恐怖的"海底坟墓"。也许,等到美国海军将来有时间和精力把"圣迭戈"号巡洋舰打捞出水时,真相才会大白于天下。

神秘现象
神奇的海底洞穴壁画之谜

1990年，以科斯克为队长的水下探穴队在地中海一个景色优美的小海湾苏尔密乌发现了一处海底洞穴壁画，石壁上有1只山羊、1只猫、1只鹿、2只鸟、2头野牛和6匹野马，形象活泼生动，这些壁画极为珍贵，它们究竟出自何人之手至今仍是个难解的谜。

神秘洞穴

这一海底洞穴的发现颇具传奇色彩。1985年，洞穴业余探险者亨利·科斯克为了探索沉睡在苏尔密乌海湾的古代沉船，专门购买了一艘长14米的拖网渔船"克努马农"号，开始了他的水下探险活动。一天，亨利·科斯克在水深36米处的岸壁上偶然发现了一个隧道口。就在他试图潜入时，随身携带的照明灯熄灭了，加上海水浑浊，周围的景物无法看清，所以亨利·科斯克不得不暂时将探索中断。时隔5年后，亨利·科斯克再次找到了隧道口，他进到了隧道尽头的洞穴，借助于手电的光束，他看到了洞穴的石壁上有手的印迹。这引发了他极大的好奇心，科斯克决心一探究竟，于是他特别邀请了卡西斯潜水俱乐部的6个伙伴，组成了以科斯克为队长的水下探穴队。

1990年7月29日，7名水下探穴队员乘坐"克鲁马农"号渔船，在海底隧道口前面的海上抛锚停泊。他们穿戴好潜水装备，下潜到36米深的海底，找到了那个隧道口。虽然水下隧道狭窄蜿蜒，海水昏暗难辨方向，还有海流夹带泥沙的阵阵冲击，但他们坚强地克服了这些困难，潜游

世界神秘现象

约20分钟，终于顺利地通过了长约200米的水下隧道。当他们浮出海面时，呈现在眼前的景象令所有人惊奇不已。在这一直径约50米的洞穴里，首先映入人们眼帘的就是千姿百态的钟乳石；在灯光的照耀下，石壁上的三只手印清晰可见，各类动物壁画栩栩如生，这里所有的神秘奇观仿佛将人们带进了一个神秘的殿堂。7名探穴队员惊喜万分，他们立即将这些神奇的景观拍摄下来。在为这些艺术品赞叹的同时，他们也同时产生了一个疑问，这些海底洞穴壁画究竟是何人所画呢？是史前艺术家的作品，还是后人有意制造的恶作剧？鉴于这一系列难解的疑问，探穴队员们在真假未定的情况下并没有对外公开他们的发现，而是将这一秘密暂时保守下来。

秘密曝光

发生在1991年9月1日的三名业余水下探险者在苏尔密乌海湾的失踪事件使得这一神秘的洞穴被世人知晓。亨利·科斯克参加了此次寻觅失踪者的行动。他迅速潜入这个神秘的洞穴，在石壁下的隧道里找到了三位失踪者的尸体。这三名业余潜水者是由于缺乏潜水经验，因氧气耗尽窒息而死。这样一来，海底隧道就被世人知晓了，于是科斯克便将海底洞穴壁画的秘密公之于世。这些壁画又是何人创作的呢？

自然未解之谜

神秘现象
龙卷风谜案探底

龙卷风因其与古代神话里从波涛中蹿出的东海蛟龙很相像而得名,它还有不少别名,如"龙吸水""龙摆尾""倒挂龙"等等。

龙卷风的威力

龙卷风是一种伴随着高速旋转的漏斗状云柱的强风涡旋。文献上记载的银币雨、青蛙雨、黄豆雨、铁雨、虾雨、还有血淋淋的牛头从天而降等现象,都是龙卷风把地面或水中的物体吸上天空,带到远处,随雨降落造成的。因为龙卷风有很强的吸力,龙卷风中心气压极低,中心附近气压梯度极大,所以产生强大的吮吸作用。当漏斗伸到陆地表面,就会把大量沙尘等物质吸到空中,从而形成尘柱,这被称为陆龙卷;当漏斗伸到海面,就会吸起高大的水柱,就是水龙卷或海龙卷。龙卷风的袭击突然而猛烈,产生的风是地面上最强的。

龙卷风的形成探索

虽然人们已经知道龙卷风是在热力不稳定的大气中形成的,但对它形成的原因,至今仍没有确切的解释。有的学者提出了内引力——热过程的龙卷风成因新理论。但是用它却没有办法说明冬季和夜间没有强对流或雷电云时发生的龙卷风。龙卷风的威力很大,甚至能席卷一切,但有时在它中心范围内的东西却毫发无伤;有时它能够将一匹骏马吹到数千米以外,也有时它只吹断一棵树干;有时它把一只鸡一侧的鸡毛拔完,另一侧却完好无缺。龙卷风造成的这些奇怪现象到现

47

在仍是未解之谜。

龙卷风的风速究竟有多大？这个问题的答案向来无人知晓，因为龙卷风从发生至消散的时间非常短，只有几分钟，最多几个小时。作用面积也很小，一般直径只有25—100米，直径达到1 000米以上的情况是很少见的，所以现有的探测仪器没有足够的灵敏度来对龙卷风进行准确的观测。相对来说，多普勒雷达是一种比较有效和常用的观测仪器。多普勒雷达会针对龙卷风发出微波束，微波信号被龙卷风中的碎屑和雨点反射后重被雷达接收。如果龙卷风并未进入雷达区，反射回的微波信号频率将向低频方向移动；相反，如果龙卷风不停靠近雷达，那么反射回的信号将向高频方向移动。这种现象被称为多普勒频移。接收到信号后，雷达操作人员就可以通过分析频移数据，计算出龙卷风的速度和移动方向。为了制伏龙卷风、预测龙卷风，人们正努力探索龙卷风形成之谜，希望能解开这个自然之谜。

"焚风"

有一种叫"焚风"的龙卷风可以把东西点燃，在干燥季节能使树叶、杂草等燃烧，引起火灾；冬季，这种龙卷风能够使积雪在很短时间里融化，造成雪崩。焚风最早是指气流经过阿尔卑斯山后在奥地利和瑞士山谷形成的一种热而干燥的风。其实在世界其他地区也有焚风，如北美的落基山、中亚细亚山地、高加索山、中国新疆吐鲁番盆地。这种风主要是由于气流受到山脉阻挡沿着山坡上升形成的。实际上，空气流动遇山受阻时会出现爬坡或绕流。气流在迎风坡上升时，温度会随之降低。空气上升到一定高度，水汽遇冷出现凝结，就会产生雨雪。空气到达山脊附近后变得干燥，然后在背风坡一侧顺坡下降，并开始迅速升温。因此，空气沿着高山峻岭沉降到山麓的时候，气温就会有大幅度升高，也就形成了焚风。

焚风常造成农作物和林木干枯，也易引起森林火灾，遇特定地形还会引起风灾，造成人员伤亡和经济损失。阿尔卑斯山脉在刮焚风的日子里，白天温度会突然升高20℃以上，初春的天气会变得像盛夏一样，不仅热，而且非常干燥，极易发生火灾。2002年11月14日夜间，时速高达每小时160千米的焚风风暴袭击了奥地利西部和南部部分地区，数百栋民房屋顶被风刮跑，3平方千米森林遭到严重破坏。风暴还会造成电力供应和电话通信中断，公路铁路交通受阻。

世界神秘现象
SHIJIE SHENMI XIANXIANG

地理未解之谜

世界神秘现象

神秘现象

揭开百慕大的神秘面纱

海是美丽的,它汹涌、蔚蓝;海是博大的,它浩瀚、深邃;海是富饶的,它蕴藏了大量宝藏;海是神秘的,在它宽厚的胸怀中隐藏着无数珍宝和无数往事……

海也是令人恐惧的,风平浪静时,它会倏然掀起万顷波涛,吞噬掉一切生灵。百慕大就是这样一个脾气暴躁的家伙。

大西洋中的百慕大海区是一片著名的"魔鬼水域"。多年以来,许多途经此地的飞机和船只经常有去无回,神秘失踪,使这片开阔的三角形海域蒙上了一层难以揭开的神秘面纱。尽管如此,至今仍有许多科学家在这里冒着生命危险探寻其中隐藏的奥秘。

发生在百慕大的悲剧

百慕大海区北部是百慕大群岛,东南部是波多黎各岛,西南部是佛罗里达半岛和古巴岛。据记载,这里自20世纪以来已有上百架飞机和两百余艘船舰先后失事或失踪,下落不明者已达数千人。

从地理环境来看,百慕大海区确有其特殊性。这里有强暖流经过,并易产生飓风、龙卷风;海底地貌复杂,大陆架狭窄,海沟幽深,地处火山与地震的活跃地带。但这些并不足以解释百慕大水域多灾多难的原因。

近百年来的海难与空难记录表明,许多船只、飞机都无端消失在这个被标为"魔鬼三角"的海区,且未留下任何可寻的痕迹。1963年2月3日,美国油轮"凯恩"号在平静的百慕大海面航行时,突然中断了与陆地的无线电联系,连呼救信号都没来得及发出就神秘地失踪了。不久,先后又有两艘核潜艇也在百慕大海域消失得无影无踪。

1945年12月5日,美国海军5架"复仇者"海上鱼雷轰炸机在返航途中全部消失在百慕大海区上空。飞机失踪之前,曾经向地面指挥塔传送了令人费解的谈话:"我们不知道自己在什么地方……我们好像迷失了方向。""……就连大海也变了样子……""发疯般旋转的罗盘……""进入了白水……"飞机失踪后,军事当局虽然进行了全力搜寻,但一无所获。十分怪异的是,就在5架轰炸机在百慕大海区失踪数小时后,一个设在迈阿密的美国海军航空基地收到了来自一架失踪飞机的微弱信号。

这些失踪的舰船和飞机究竟到哪里去了呢?难道百慕大海域真的会存在什么特殊的时空转换结构吗?一系列事实的出现,加深了研究者们的猜测。这也使得百慕大三角海域显得更加神秘了。

在百慕大发生的怪异现象

1968年,美国航空公司一架大型客机在穿越百慕大海区上空时竟在地面荧光屏上失去图像信号达10分钟之久,之后它却安然无恙地降落在迈阿密的机场上,并且抵达时间也提前了许多。机组人员虽未遭遇任何离奇事件,但飞机上所有钟表都比陆上慢了10分钟。根据相对论,只有飞机加速到接近光速时,这种情况才有可能发生。

1977年2月,5名乘员搭乘一架水上飞机进入百慕大海域进行现场考察。当考察人员在机舱内共进晚餐时,突然发现刀叉变弯,钥匙变形,罗盘上指针偏离了几十度,录音磁带中出现了噪声。面对此情此景,考察人员都感到非常奇怪。

1986年9月,美国佛罗里达州一位45岁的渔民,在百慕大海域因遇到风暴漂流了两星期后获救。返回后不到一个星期,他的外表就发生了惊人变化:皱纹消失,黑发复生,就像二十多岁的年轻人一样。后来他被送进医院检查,但并未查出是何种原因导致了身体变化。

1988年,一对瑞典夫妇乘坐游艇在百慕大"魔鬼三角"历险。在大巴哈马岛附近,游艇发动机突然熄火,紧接着游艇慢慢地被吸入海区中心水域,只见水域上空被一片浓雾笼罩。在雾中,夫妇俩闻到一股异香,并听见空中有爆裂声,船上的雷达及其他仪表完全失灵,指南针胡乱转来转去。但是,几分钟后游艇居然飘出浓雾,漂流到百慕大三角海域以外,发

动机、雷达等一切设备也全都恢复了正常。有趣的是，夫妇俩的智商在这次神秘的百慕大经历之后都明显上升。丈夫基尔维斯丁法文基础颇差，可事后他居然可以看懂法文杂志了，后来又很快熟练地掌握了好几门外语，成为公认的外语学习上的"奇才"。妻子瓦洛莎以前连支票余数都辨认不清，现在竟可以做相当复杂的数学题。连她本人也为自己成为"数学通"而深感意外。负责对这对夫妇进行测试的科学家正在努力寻找这些奇事发生的原因。

1989年，一艘失踪近八年的英国游船"海风"号在百慕大海域的原失踪海域重新出现。船上的6个人都平安无事，只是他们对消逝近八年的时光毫无记忆，都感觉无非是一瞬间。这些人随后接受催眠调查。海船再现事件原在20世纪30年代就已发生过，但那时人们只是发现了完好的、空无一人的"幽灵船"。

百慕大海区正在悄悄展示着它的另一面，但人们毕竟不会忘记它的危险性。应当承认，最危险的百慕大海区同时又是最具诱惑力的探险"圣地"。

百慕大三角海区发生过许多神秘而不可思议的事，还出现了一宗科学难以解释的离奇怪事。一艘巴拿马渔船在百慕大三角区附近发现了一名"死而复生"的男子。

这艘渔船在百慕大以南作业时，发现一个白色帆布袋在海面上漂流着。船长命船员捞上船来，打开一看，里面竟是一个活生生的男子。这位自称米高维尔·奇恩的男子看样子不是很老，却说自己63年前已死于癌症。

后来他被送往百慕大医院，然后又转送苏黎士精神中心，研究人员企图找出他"死而复生"的原因。百慕大医院的赞臣医生说，他身上的死亡证所写的姓名和日期确实与被救时奇恩所说的相一致。赞臣说："至于他何以能够死而复生，这个问题有待比我更聪明的人解答。"不过有一点是肯定的，他的癌症已经痊愈了。而到底这63年来他是怎么度过的，他本人对这些问题也不能解释清楚，他说死后的一切已很模糊。只知道恢复知觉时已被人救上了渔船。

为什么百慕大海域能够造成人体生理上与智能上的变化呢？为什么船只能够失而再现呢？难道百慕大三角海区果真有什么超自然的力量存在吗？抑或百慕大"魔鬼三角区"是地球上最神秘的重力变异区或时空变异区？

神秘现象
日本"自杀森林"之谜

世上有人求生，有人却要千方百计去求死。在日本，生育率每况愈下，自杀率却大幅提升。按日本警方公布的数字，近几年日本每年的自杀人数都超过3万人。换句话说，每天平均有至少100个日本人去寻死。

"魔鬼的邀请"

七十多年前，一个匈牙利钢琴手鲁兰斯·查理斯遭遇爱情失败后写了一首歌曲名叫《黑色星期天》，也叫《忧郁的星期天》，歌中描述了一个不幸的男子无法将所爱的人重新召回身边的经历。该歌曲情调极度哀伤，据说此后有一百多人在听了这首歌后相继自杀。这首歌也因此被人们称为"魔鬼的邀请书"。一时间，神秘而又恐怖的气氛笼罩着欧美。

"死亡音乐"成为"魔鬼的邀请书"，听起来不可思议。然而，在今天的日本富士山脚下，却有着一个和"死亡音乐"一样不可思议的地方，这就是被称为"自杀森林"的青木原林海。

秋季的哀歌

青木原林海是一个天然林场，那里树木茂密，但是却显得格外阴森。青木原林海有着青苔的洞穴，里面长满了野生的蘑菇，林子的上方隐隐约约可见富士山的轮廓。

这是一个令人胆颤心惊的丛林，树木密密麻麻，地面上落满枯枝和腐叶，黑压压的，神秘莫测。罗盘在林子里会莫名地失灵，据说是由于火山熔岩的磁场作用。有人称，在这个丛林中迷失方向才叫真正的迷路。

青木原林海每年都吸引着几十位特殊的游客，他们慕名而来绝不是为了一览森林景色，而是为了结束自己的生命。

每年的秋季，警察、志愿者就会进入林中开始每年一度的搜寻自杀者的活动，这种每年一次的大搜查始于1970年。开始的几年，"收

世界神秘现象

获"的尸体稳定地保持在大约 20 具左右，可十多年前，这个数字却大大增加。1994 年发现 57 具尸体，到 1999 年，已达创纪录的 70 多具尸体。2002 年，仅一天就发现了 4 具。

这里的出租车只跑单程

如果在这里遇到一位出租车司机，他们一定有故事告诉你，他们会讲述乘客是如何呆若木鸡或失魂落魄地到达林海，然后一去不复返。他们总是跑单程，只将那些欲寻死的乘客送到林海旁，而不可能再载到什么人返回了。

据介绍，自杀者中大多数都是中年人。在过去的一些年，很可能会看到夫妻双双进林海，为爱自杀。如今这样的事例少了，也很少发现少年的尸体。

那些爱好爬山的人们由于担心眼前会突然出现一具尸体，都坚持在富士山的另一侧进行爬山活动。

日本的自杀事件真的令人很困惑。那么自杀者又为什么唯独钟情于青木原林海呢？

长久以来，青木原林海一直是自杀者选择结束生命的热门地点。大多数在这里自杀成功的人都是以上吊的方式来结束自己生命的，也有一小部分人借助吃安眠药和服毒来自杀，在冬季，有的人就在雪地里躺下自杀。

青木原林海内树木浓密，形成了天然的遮篷，自杀者在茂密的树林中很好藏身。除了这个很现实的理由，答案还可追踪到很久以前。

在 19 世纪，封建的日本遭受了严重的饥荒，青木原林海通常是穷苦人家来这里弃婴和处理老年人的地方。一位叫松本清张的作家写了一本著名小说，并被搬上了银幕，片名叫《浪

潮中的宝塔》，片中的一位人物就是到这里寻死的。而另一本曾在几年前卖得火爆的臭名昭著的《自杀手册》，也曾向读者建议到这里自杀。

日本是世界上自杀率最高的国家之一。1998 年，日本全年自杀人数突破历史达到 30 000 人，而 2001 年则上升到了 33 048 人。每年大约有 12 000 名儿童的父母中的一方自杀，自杀者中有 22 500 人是男人，而且多数是中年人。

低沉、凄楚的《黑色星期天》因其曲调忧伤导致人听后忧郁过度自杀，本应该给人清新感觉的大森林，为什么也会让人产生放弃生命、走向死亡的念头呢？

日本警方表示，自杀的主要原因是健康因素。另外，自杀者的形象以及自杀选择的时机与日本的经济危机正好相关。经济危机起始于 20 世纪 90 年代初期，一些企业因重组、破产或垮台而受到沉重打击。一些人因为经济压力太大而不堪忍受，因经济持续不景气失业率达到战后高峰而陷入绝望，进而结束自己的生命，这类人约占自杀总人数的 1/4。

日本对自杀的遏制

每年收尸队从富士山脚下出发向死亡之林前进，走不了多远，就会在离一条羊肠小道不远的地方发现尸体。有时候还没等把这具尸体推入救护车里，又在密林深处发现了另一具尸体。

有些尸骨被野兽践踏得七零八落，警察判断尸体肯定有几年的时间了，那些来这里寻死的人一定知道，在这里自杀他人很难发现尸骨。

为了遏制自杀，日本警方动了不少心思。比如，警方会在树林中钉一些盒子，里面放着由警察留下的字条，"请稍等一会儿！""你的生命是你父母亲给的礼物，不要将烦恼留给自己，请寻求咨询。"当地警察还有专门在林中巡逻的车子，遇到那些要自杀的人会随时逮捕他们。同时，日本劳动福利省已要求拨出两亿多日元的专款减少自杀。为了遏制自杀之风，东京的地铁站还采取措施，沿站台放一些镜子，目的是让那些欲自杀的人看到镜子中的自己三思而后行。其实，每个人都知道减少自杀率唯一可行的办法就是使经济恢复景气。

不过，如此多的人选择在青木原林海自杀到底是什么原因呢？这仍是一个让人疑惑不解的谜团。

世界神秘现象

神秘现象
奇异的洞穴

在大西洋的一个无名岛上有一个洞口直径约300米长的洞穴。过去20年来,在深不见底的洞中,人们发现了很多16世纪的古董,包括钱币、宝石和盔甲等珍贵的物品。

藏宝奇穴

一些寻宝的人在洞中发现了一块石板,上面刻着"深渊之底埋有宝藏"的字样,他们怀疑洞中宝藏属于一个16世纪的英国海盗。

就像埃及金字塔的咒语那样,闯入这个藏宝洞的探险家的安全问题令人担忧。这是不是一个陷阱?进入洞穴的人,会不会无缘无故地死去?那块石板上,竟然会刻着深渊中有宝藏的字样,就更加令人怀疑这是否是一个虚假的骗局。世上怎么会有人将珍宝埋在洞中,再在石板上写着"有宝藏"这样奇怪的话,吸引寻宝者去偷呢?谁敢保证洞中藏的就真是金银珠宝,说不定还可能是一种外星生物呢!

变形洞穴

后来,人们又发现另一个奇异的洞穴,它便是中美洲尼加拉瓜一个小镇的变形洞穴,这个直径三米多的奇穴早午晚都会自动变形!上午是椭圆形,下午变成不规则长方形,深夜再变成正方形,凌晨又恢复椭圆形原状。据当地居民说,这处奇穴从古至今都在不断变形。

对于这种不可思议的现象,科学家认为可以从地质学的角度去解释,但愿科学家能够在不久的将来给我们一个满意的答案。

神秘现象
火山口上的冰川

在冰岛的巨大冰原瓦特那冰川上，冰块的体积几乎相当于整个欧洲其他冰川的总和，面积差不多是威尔士或美国新泽西州的一半，其平滑的冠部更是伸展出了许多条巨大的冰舌。

但这片冰封的荒地，正随着时缓时急的火山脉搏不断扩展、收缩和搏动着。

冰岛风光

冰岛的面积与爱尔兰岛差不多，但人口却还不如爱尔兰的一个中型市镇。冰岛居民主要散居在狭长的海岸线附近。从地质学的角度来说，冰岛是新近形成的，并且这个过程仍在继续。它屹立在6 400千米厚的玄武岩上。在过去2 000万年里，大陆漂移使欧洲及北美洲慢慢背向移动，使大西洋海岭上一度深刻着巨大的裂缝，玄武岩就是从这个"裂点"涌出来的。

当年维京人刚到冰岛时（学术认定是在公元874年），土地适宜农作物的种植。可从14世纪开始，冰岛气候大变，冰川侵入，海上的冰块激增。虽然19世纪后期气候有所好转，但有1/10的土地仍被冰川覆盖，农作物种植受到限制。

冰川以大约800米/年的速度流入较温暖的山谷中，当它在崎岖的岩床上滚动时裂开形成冰隙。冰块到达山谷时逐渐融化消失，留下冰川从山上刮削下来的岩石和砂砾。

冰岛有一句谚语："冰川带走了什么，就归还什么。"1927年，一位邮差在横渡布雷达梅尔克冰川上的一座雪桥时，同4匹马一起坠入了深深的冰隙里。7个月后，人和动物的尸体露出了冰面，这是怎么回事呢？原来是冰川上冰块的环型活动把上层的冰块卷到下面，又把下层翻卷上来。就这样，尸体被卷回了顶层。

世界神秘现象

神秘现象
海底喷泉

茫茫大海中，海水并不都是咸的，在一些小面积的海域里还有一些清甜爽口的淡水，这应该归功于海底喷泉。喷泉是地下水涌出地面而形成的。一般情况下，喷泉只分布在陆地上，但奇怪的是，有些地方的海边、海底也有泉眼，泉水可以从海底喷出来。

咸水中的淡水

俄罗斯的一艘考察船在黑海的海面上发现了一个奇特的喷泉，它被命名为"甘吉亚蒂海泉"。它每秒喷出大约三百升的淡水，由于水压高，所以能够直接穿破海面。远远看去，泉水在蓝色的海面上翻滚，就像烧开的水一样。考察队员用芦苇插进泛着白色泡沫的水里吮吸，发现泉水凉爽清甜。

在美国佛罗里达半岛以东，离海岸不远的大西洋里，也有一片海水是可以饮用的，过往的船只常常来这里补充淡水。这片海水直径有30米，颜色、温度、波浪都与周围的海水状况不同。这是为什么呢？最近，谜底终于被揭开了。原来，这里的海底是个小盆地，盆地中间有个喷泉，每日不停地喷出淡水。在水流的影响下，淡水从泉眼斜着升到海面上。根据测量，这个海底喷泉每秒喷出的泉水有4立方米，比陆地上任何一个喷泉的喷水量都要大。因泉水不断喷涌，把周围的海水隔绝开来，久而久之，这片海水就变成了一个纯粹的淡水水域。

神秘现象
陨石坑之谜

美国亚利桑那州弗拉格斯塔夫市附近的巴宁格陨石坑（又称流星陨石坑）是由一颗小行星撞击地球后形成的。这个被撞出来的陨石坑直径1 200米，深200米，猛烈的撞击使坑周边隆起，高出周围沙漠达40多米。

陨石坑之谜

这个陨石坑是由约五万年前的一颗铁质流星撞击形成的。根据石坑的大小推算，这颗流星可能重达90万吨，直径100米。科学家们认为，这颗巨大的流星，以如此之快的运行速度撞击地面发生爆炸，其能量相当于毁掉日本广岛的原子弹的40倍。

当1871年人们发现这片洼地时，都以为它是塌陷的火山口。1890年，有人在此地岩屑中发现了碎铁。于是，一些科学家开始怀疑那可能是外太空物体撞击地球所留下的痕迹，而不是什么火山口。

但最初人们不理解为什么在巴宁格陨石坑看不到陨石本身。这个大陨石给人们留下了一个大坑和几块陨石铁片后，为什么消失得无影无踪了？有人估计陨石就落在坑下几百米的地方，可是谁也没能把它挖出来加以证实。后来科学家们推测，这块巨石在落地时已被击成碎片了。费城一位采矿工程师巴宁格博士，对于坑内埋有富含铁质的巨大陨石深信不疑，于是他把那块土地买了下来，并于1906年着手钻探。但1929年，钻探工作由于某种原因被迫停止了。

在20世纪60年代，人们在坑里发现了柯石英和超石英。这两种物质只有在极大的压力和极高的温度下才能被制造出来，这足以证明坑口是由巨大撞击力造成的。现在人们以巴宁格的名字来命名这个陨石坑，以纪念巴宁格博士。

世界神秘现象

神秘现象
失落的大洲

有关失落的大洲亚特兰蒂斯的传说流传已久。相传那里是一个富裕的地方，有着高度的文明，但最终因激怒海神而被淹没了。千百年来，它是否存在，存在于何时何地，始终是一个未解之谜。

古老的传说

两千多年来，有关亚特兰蒂斯的传说一直吸引着西方世界。古希腊哲学家柏拉图曾记述了这块大洲的兴衰，后人耗费了巨大的人力物力进行调查研究，但目前为止尚未有足够的证据证明其的确存在过。柏拉图在公元前4世纪所著的《对话录》中提道："昔日有个比利比亚和小亚细亚加起来还要大的海岛，岛民是海神波塞冬与凡人克莉奥的后代。亚特兰蒂斯位于海克力斯之柱（即今天的直布罗陀海峡）之外，控制着整个地中海，势力比埃及和土耳其还要强大。当地自然资源丰富，粮食充裕；高山阻挡了凛冽的北风，草原上有各种动物，包括大象和骏马。这个岛国由十个君王分别管理所在的十个区域，岛民轻视物质而尊崇道德……不奢求黄金财富。他们精于骑术和航海。"

但后来亚特兰蒂斯人有了野心，对所得的恩赐感到不满足，企图向全世界扩张势力。但是，尚武的雅典人在迎战亚特兰蒂斯的战斗中取得了胜利。海神波塞冬大怒，在公元前9500年左右，使亚特兰蒂斯沉没于海洋中，岛上一切全部毁于波涛之中。

不同的观点

柏拉图确信这是事实，而柏拉图的学生亚里士多德却并不这样认为。

首先，已知的最早文明是大约公元前3500年在今天伊拉克地区出现并发展的，而在公元前7000年前，根本就没有人类聚居的证据。更不要说雅典城邦与亚特兰蒂斯会发生战争了，而且欧洲在青铜器时代（约公元前3000年）以前，并没有马匹，但柏拉图经常提到亚特兰蒂斯有马匹。

1992年，德国地质考古学家赞格博士认为，土耳其的特洛伊与柏拉图描述的亚特兰蒂斯最为吻合，它位于一片靠近海峡的平原北面，受强劲北风吹袭，附近还有温泉。而且他认为"海克力斯之柱"这个名字只在公元前500年左右用于称呼直布罗陀海峡，之前只用于称呼通往黑海的达达尼尔海峡。还有，就是约在公元前1200年，确有特洛伊部分地区曾被洪水淹没过。

那么，亚特兰蒂斯究竟是否真的存在过？它真的沉没在海底了吗？假设它果真存在，那岛上的人们没有逃出来的吗？逃出来的人们又去了哪里……希望在未来的研究中，人们能揭开这层神秘的面纱。

神秘现象
世界最著名的7个恐怖地带

世界之大，无奇不有。有令人心旷神怡的名山胜水，自然也有令人毛骨悚然、畏之如虎的险恶之地。

死亡之洞——印尼爪哇谷洞

印尼爪哇谷洞最为恐怖奇异。此谷中有6个大山洞，洞呈喇叭状，都是能吞噬人的陷阱。不用说"误入"谷洞的人性命不保，就是保持较近距离的人也难以幸免。当人或者动物从洞口经过时，会被一种强大的吸力卷入谷洞而丧命。即使离洞口还有6—7米的距离，也会被魔口"吸"进去，一口吞下。

死亡地带——堪察加半岛

死亡谷位于俄罗斯堪察加半岛上。在这条长2 000米，宽100—300米的死亡谷中，地势崎岖，怪石嶙峋，狗熊、狼獾和野猪等野生动物尸骸遍布，白骨横陈。误入该地的人类也不能幸免。据统计，至少有30个人曾丧命于此。据推测，谷中积聚着各种毒气。可令人奇怪的是，紧挨此谷的村舍和居民，却不曾受到侵袭。

无脑婴儿产地——巴西库巴唐

巴西热带丛林中有一个令巴西人闻之色变的城市——库巴唐。20年前，数十个在这个城市里出生的婴儿竟然没有脑子，库巴唐在一夜之间"邪名"远扬。

地理未解之谜

在库巴唐市内的烟囱，不间断地释放着色彩斑斓的工业废气，市里也弥漫着一股腐臭的气味，不过熟悉库巴唐的人都知道，这20年来，当地政府已经付出了巨大的努力，摘掉了"地球上污染最严重城市"的帽子。

但是对于环保组织和科学家们来说，库巴唐仍然是一个危险的地区，这里被严重污染的空气、土壤以及水资源悄无声息地吞噬着鲜活的生命。科研人员发现，库巴唐市的居民患各种癌症的几率高得惊人：在库巴唐及毗邻的桑托斯市等地区，膀胱癌患者的比率比其他城市要高6倍；神经系统（包括脑部）的癌症患病率是其他城市的4倍……

人间地狱——美国死人谷

在美国加州与内华达州相连处，有一条特大山谷，长达225千米，窄处宽6千米，阔处有26千米。

1949年春，有一支做黄金梦的勘探队前往该谷，结果有去无回。此后，众多探险者试图揭开死亡谷之谜，后果却与前者一样。

后来，科学家用航空侦察，惊诧地发现，这个人间活地狱竟是动物的乐园。据航空探测统计，在这死人谷里，有珍奇鸟类近300种，野驴约1 500头，蛇类20余种，蜥蜴也有17种。它们或飞，或爬，或跑，或卧，好不逍遥……

无人区——藏北

"无人区"在西藏的西北部，面积广阔，平均海拔高约五千米。这片土地上除了高山、湖泊、草原和野生动物外，几乎荒无人烟。历史上，曾经有一些人去探险，可是，不是因为饥渴，就是因为迷失方向而死亡，很少有人生还。"无人区"在人们的印象中，是一个荒凉、恐怖的世界。

"无人区"可以说是一个巨大的天然野生动物园。这里的草原很

63

宽广，只是青草生长期短，但更多的还是大片的戈壁。当汽车在没有公路的大地上自由自在地奔驰时，常常可以看到成群的野马和羚羊群，其他如鹿、藏野驴、野牦牛甚至狼、熊等也常常出现在视野里，然后消失在远方。

"无人区"生存条件很恶劣，这里空气中的含氧量很低，气候变化反复无常，湖泊虽然很多，但都是盐碱水。近些年来，在政府的组织下，一些牧民迁往"无人区"生活，所以"无人区"已经不再无人，但去那里旅行的朋友还是要多加小心，毕竟这里曾经是人类的"禁区"。

"动物的墓场"——意大利死亡谷

意大利那不勒斯和瓦维尔诺附近的死亡谷，专门夺取动物的生命，对人体却毫无伤害，被称为"动物的墓场"。

据科学家们调查，在该谷中发现的各种死于非命的飞禽走兽、大小动物的尸骸已超过4 000只（头），鸟类几十种，爬行类19种，哺乳动物也有10余种。它们的死，不是自相残杀，也非集体自杀，更非人为，是何原因，至今不明。更有意思的是，该谷杀戮禽兽，而对人则没有伤害。

死亡之地——罗布泊

罗布泊曾有过许多名称，有的因它的特点而命名，如坳泽、盐泽、涸海等，有的因它的位置而得名，如蒲昌海、牢兰海、孔雀海等。元代以后，此地被称为罗布淖尔。汉代史书对此地的描述为"广袤三百里，其水亭居，冬夏不增减"，它的丰盈，使人猜测它"潜行地下，南出积石为中国河也"。这种误将罗布泊错认为黄河上源的观点，由先秦至清末，流传了两千多年。到公元4世纪，曾经是"水大波深必汛"的罗布泊西之楼兰古国，到了要用法令限制用水的拮据境地。清代末年，罗布泊水涨时，仅有"东西长八九十里，南北宽二三里或一二里不等"，成了区区一个小湖。1921年，塔里木河改道东流，流经罗布泊，至20世纪50年代，湖的面积又达到了两千多平方千米。20世纪60年代因塔里木河下游断流，使罗布泊渐渐干涸，1972年底，彻底干涸了。

罗布泊，曾令许多探险者闻之丧胆。20世纪80年代，中国著名考古学家彭加木就在对此地进行考察时失踪。

神秘现象
巨人岛之谜

在一望无际的加勒比海上，有一个奇特的小岛，叫作马提尼克岛。从1948年开始十年左右的时间里，岛上出现了一种令人百思不得其解的奇异现象：岛上生活的成年男女个头都较高，成年男子平均身高达1.90米，成年女子平均身高也超过了1.74米。

长高之谜

在岛上，如果青年男子身高不到1.80米，就会被同伴们说成是"矮子"。更为奇特的是：不仅岛上的土著居民，就算是外来的成年人在岛上居住一段时期后也会很快长高。64岁的法国科学家格莱华博士和他57岁的助手理连博士，在那里只生活了两年，就分别增高了8.25厘米和6.6厘米；英国旅行家帕克夫人年近60岁，在该岛旅行一个月后也长高了3厘米。因为生活在该岛上的成年人甚至老年人的身材都很高大，因此这个岛被称为"巨人岛"。不仅是人，岛上的动物、植物和昆虫的体形增长也非常迅速。岛上的蚂蚁、苍蝇、甲虫、蜥蜴和蛇，特别是该岛的老鼠，居然长得像猫一样大。究竟是什么力量让巨人岛上的生物不断长高呢？

解读巨人岛

为了解开巨人岛之谜，许多科学家不远万里，来到该岛进行长期探测和考察，提出了多种假说和猜测。一些人认为，在1948年，可能有某种飞碟或是其他天外来客坠落在该岛的比利山区，而带来了使该岛生物迅速增长的一种性质不明的辐射光。还有一些科学家认为，该岛蕴藏着某种放射性矿藏——正是这种放射性物质使生物机能发生了奇特变化，因而"催高"了动物身体。

巨人岛究竟隐藏着怎样的奥秘？至今仍有待于科学家们进一步探索。

世界神秘现象

神秘现象
南极不冻湖

南极是一片人迹罕至的冰雪"荒漠",素有"白色大陆"的称号。在南极,放眼望去,只见一片皑皑白雪。这片1 400万平方千米的土地,几乎全部被几百甚至几千米厚的坚冰所覆盖,-60℃——-50℃的低温,使这里的一切几乎都失去了活力,丧失了原有的功能。在这里,石油凝固成黑色的固体;在这里,煤油因为达不到燃点而变成了非燃物。然而,有趣的自然界却向人们奇妙地展示出它那魔术般的本领:在这寒冷的世界里竟然神奇地存在着一个不冻湖。湖水不冻结的原因是什么呢?

不冻湖现象

科学家们发现的这个不冻湖,面积大约2 500平方千米,最深处达到66米,湖底水温高达25℃,盐类含量是海水的6倍还多,湖水遭到了很严重的污染,并有间歇泉涌出水面。科学家们在这个湖的周围进行了考察,发现在它附近并没有类似于火山活动的地质现象。为此,科学家们对于存在于这块酷寒地带的不冻湖也感到莫名其妙。1960年,日本学者分析测量资料后发现,该湖表面薄冰层下的水温大

约为0℃。随着深度的增加，水温也在不断增高。到16米深的地方，水温升到7.7℃。这个温度一直稳定地保持到40米深处。40米以下，水温缓慢升高。至50米深处水温升高的幅度突然加大。至66米深的湖底，水温居然高达25℃，与夏季东海表面水温相差不多。这个奇怪的现象一经揭示，便引起科学家们极大的兴趣，他们对此进行了仔细的考察，提出了各种各样的看法。

不冻湖存在的原因

有的科学家提出这是气压和温度在特殊条件下交织在一起的结果。持这一观点的人指出：在三千多米的冰层下，压力可达到278个大气压，在这样强大的压力下，大地释放出的热量增加，而且冰在2℃左右时就会融化。另外，冰层还像个大地毯，阻止了热量的散发，使得大地释放出的热量得以大量积存，这样，南极大陆会有大量的冰得以融化，汇集到低洼处聚成一汪湖水。另外一些科学家则认为：在南极的冰层下，极有可能存在着一个由外星人建造的秘密基地，是他们在活动场散发的热能将这里的冰融化了。还有的科学家坚持：这是个温水湖，很有可能是这水下的大温泉把这里的水温提高并将冰融化。可有些人反驳说：如果这里有温泉水不断流进湖里，为什么湖上冰冠没有一点融化的迹象呢？众说纷纭，莫衷一是。这仍是一个未解之谜。

神秘现象
死亡公路

大西洋海域中的百慕大三角区,是众所周知的恐怖地带。因为它异常神秘,多次发生飞机、船舶失踪事件,被人们称为"魔鬼三角区"。其实,像这样的地方在地球上不只一处,也并不是都在海洋中,陆地上也同样有让人恐惧的地方。

中国的死亡公路

距离中国兰(州)新(疆)公路430千米处,有这样一个令过往司机心惊的恐怖地带。汽车行驶到这里,常会被一种神秘的力量影响,莫名其妙地翻车。虽然司机们一到这里便会更加小心,可事故还是接连不断地发生,每年少则十几起,多则几十起。表面看来,这100米路段路面平坦,视野开阔,与其他路段没有什么不同之处。是不是因为这里是弯道,汽车速度过快,产生强大的离心力而失去平衡,从而发生事故呢?答案是否定的。经过对路面的重新研究,专家们一致认为设计没有问题。尽管如此,交通部门还是对这段公路进行了改建,将以前的弯道改直并加宽了路面。可这些努力都白费力气,翻车事故一点也没有减少。有人调查了历次翻车事故,发现每次失控的汽车都向北翻,于是人们推测可能在北边有一个大磁场,是

强大的磁力将汽车吸翻的。这种说法存在一定道理，但至今还没有找到充足的科学依据来加以证明。

美国翻车地带

奇怪的是，在美国爱达荷州的州立公路上，距离因支姆麦克蒙14.5千米的地方，也有一个被司机们叫作"爱达荷魔鬼三角地"的恐怖翻车地带。正常行驶的车辆如果进入这一地带就会突然被一股看不见的神秘力量抛向空中，随后又被重重地摔到地面上，造成车毁人亡的不幸事故。

一名叫威鲁特·白克的汽车司机就是经历过这一恐怖抛车事件的幸存者，每当他回忆起那次历险时，就会感到胆战心寒。他说："那天天气晴朗，我所驾驶的卡车一切正常，当我行驶到那个奇怪的地方时，汽车突然偏离了公路，'腾'地翻倒在地。"

据统计，在这个地方，已有17个人失去了生命。人们无法理解的是，这段公路与其他公路相比没有任何不同之处，同样是宽阔平坦的大道，然而它所造成的死亡率却是其他路段死亡率的4倍。面对这个事故多发地带，人们总想了解产生这种现象的原因，科学工作者们也尝试着做出一个合理的解释。他们对这里进行了考察，结果认为：这些现象的产生是由于地下水脉辐射的影响造成的。这里的地下水脉有什么与众不同，为什么它能够产生威力如此巨大的辐射？人们能改变这种影响正常生活的怪现象吗？这些都是科学工作者目前还无法回答的问题。

世界神秘现象

神秘现象
骷髅海岸

在古老的纳米比亚沙漠和大西洋水域之间，有一片白色的海岸线。在这里，遍地是尸骨和船只的残骸，因此葡萄牙海员把纳米比亚这条绵延的海岸线称为"地狱海岸"，现在又叫作"骷髅海岸"。

1943年，人们在这个海岸的沙滩上发现了12具横卧在一起的无头骸骨，附近还有一具儿童骸骨。不远处有一块石板，虽然经过风雨的侵蚀，仍然能看清上面有一段话："我正向北走，前往60英里外的一条河边。如有人看到这段话，照我说的方向走，神会帮助他的。"这段话写于1860年。

1942年英国货船"邓尼丁星"号载着21位乘客和85名船员在库内内河以南40千米处触礁沉没。所有幸存的乘客包括3个婴孩以及42名男船员乘坐汽艇登上海岸。这次救援是最困难的一次，几乎用了4个星期的时间人们才找到所有遇难者的尸体和为数不多的生还船员。

动物的乐园

在骷髅海岸的南部，连绵不断的内陆山脉是骷髅海岸河流的发源地。但这些河流往往还未进入大海就已经干涸了。

科学家称这些干涸的河床为"狭长的绿洲"。因为河床的地下水滋养了无数动植物，种类之多令人惊异：湿润的草地和灌木丛也吸引了纳米比亚的哺乳动物前来寻找食物；大象把象牙深深插入沙中以寻找水源；大羚羊用蹄子踩踏满是尘土的地面，以发现水的踪迹……这些动物在这荒凉的骷髅海岸外的岛屿和海湾上繁衍生存，白天躲避灼热的太阳，晚上享受凉爽的沙漠微风。为何对人类来说的死亡地带对这些动物来说竟然会是天堂呢？这还是个未解之谜。

地理未解之谜

神秘现象
"杀人湖"与"死神岛"

1984年8月16日清晨,一位名叫福勃赫·吉恩的牧师和其他几个人正驾驶着一辆卡车经过喀麦隆共和国境内的莫努湖。这时,他们看见路边有个人坐在摩托车上,仿佛睡着了一样。牧师于是走近摩托车,发现那个人竟已经死了。当他转身朝汽车走去时,忽然觉得自己的身子发软。牧师和同伴此时闻到了一种很像汽车电池液体散发出的奇怪气味。牧师的同伴很快倒下了,而他却设法逃到了附近的村子里。

杀人气体

是什么引发了这股有毒的气体?火山学家西格德森认为在最深的水中,发生了微妙的化学变化使莫努湖发生了强烈的分层。但某种东西扰乱了这种分层,使深水中丰富的碳酸盐朝着水面上升。这种压力的突然变化,使湖水释放出二氧化碳,就像打开的苏打瓶盖一样,这一爆发形成了5米高的波浪,将岸边的植物都击倒了。

据调查者说,这一事件是非常奇特的。技术人员曾考虑过利用这种分层作为能源的一种来源,但后来放弃了这一想法,因为他们害怕由此而引起巨大的气体爆炸。

神秘的死神岛

在距加拿大东部的哈利法克斯约500千米的北大西洋上,有一座令船员们心惊胆战的孤零零的小岛,名叫塞布尔岛。

此岛位于从欧洲通往美国和加拿大的重要航线附近。历史上有很多船舶在此岛附近的海域遇难。从一些国家绘制的海域图上可以看出,此岛的四周,尤其是此岛的东西两端密布着各种沉船符号,估计先后遇难的船只不下500艘,丧生者总数在5 000人以上。因此,一些船员怀着恐惧的心理称它为"死神岛"。

神秘现象
"怪湖"之谜

曾经令无数捕鱼者向往的捕鱼天堂——休尔济湖,两年内却接连发生惨剧。当事人全身发冷、呼吸困难。至今,已有两人在休尔济湖上相继神秘地死去,但无论是当地居民,还是科学家、特工,目前都仍未找到他们的死因。

捕鱼天堂忽变人间地狱

休尔济湖位于俄罗斯南部地区,那里曾经是捕鱼者们最向往的地方。因为那里水产资源丰富,渔民每次前往都会有不菲的收获。但是,在休尔济湖上已经连续三年看不到渔民的影子了。曾经因鱼类资源丰富而吸引四面八方的捕鱼者纷纷前往的休尔济湖,如今一片荒凉。

从 2002 年秋末开始,湖区正式禁止游客前往。虽说湖岸上没有哨卡,但是附近村庄的居民没一个敢去。敢去的只有一些科学家、医生,他们的目的是对湖区进行考察。他们想知道,湖区里到底有什么神秘力量夺去了人们的生命。

事情还要从 2001 年 9 月说起。当时,萨福诺夫村有几位老渔民在湖上捕鱼。他们和往常一样在一个小岛上撒下网,然后回到岸上等着鱼上钩。他们生起篝火,用烤鱼和烤鹿肉下酒。到了收网的时候,他们划着小船直奔撒网的小岛。关于后来发生的事,当事人费奥多尔·波塔涅夫回忆说:"快要到达小岛的时候,我突然感到浑身没力,手脚发软。我现在都记不得是怎样回来的。"回到岸上之后,三个人全都躺倒在地上,三个身体健壮的人像打摆子一样全身抖个不停,同时体温急剧上升,这完全是中毒的迹象。他们扔下所有东西,决定无论如何也要赶回家,但是其中一个叫弗拉基米尔·别卢金的人在途中便断了气。把他埋葬之后,亲属们拿到的死因结论上写的是:不明物质中毒。

根据医生们的判断,引起别卢金中毒的物质既不是水,也不是

地理未解之谜

酒、鱼和肉，也就是说排除了食物中毒的可能。2001年10月，有科学家来到休尔济，他们想弄清渔夫的死因。专家们对湖底沉积物进行了研究，但未发现任何异常。

这件事不久就传开，但人们似乎并没在意，仍旧下湖捕鱼。对于别卢金的死，多数人这么认为："他们显然喝了什么脏东西。"人们都不相信死者胃里未发现任何中毒迹象的结论。

过了整整一年后，在2002年的秋天，休尔济湖又发生了一幕惨剧，同前一年渔人死亡的情形一模一样。这次湖上的人很多，有来自阿尔罕格尔斯克和科米的两伙人在捕鱼，科米的人是坐直升机来的。

还是在去年的老地方，在那个神秘的小岛附近，船上的人感到身体不舒服，他们的两腿、脊柱仿佛有一种被撕扯般的疼痛，而且呼吸困难、浑身发冷。他们急忙往岸边划，其中一个叫韦尼阿明·鲁萨诺夫的渔民在到达一个村庄后，便一命呜呼。医生的诊断是："不明物质中毒。"同上次一样，死亡与食物中毒无关。

深入探究

这件事以后，专家们才决定对此事进行全面深入的调查。专家们对湖中的水进行检测，但是发现湖水并不含有什么有毒物质。那么，人到底是怎么中的毒呢？

休尔济湖是目前俄罗斯水质专家关注最多的。他们从各方面去研究，试图弄清到底是什么神秘的物质能够使人这样离奇地死去。

我们都知道，高浓度的重金属和氯或氟能引起中毒。俄罗斯卫生防疫站、水文气象站和州生态委员会的工作人员得出一致的看法：湖水在这方面未发现任何异样，只是锰、铁和锌的含量略微偏高。专家们第一次在实验室里对水样进行分析时，得出的结论是：湖里的水直接从湖里喝都不成问题。这就首先排除了水质中毒的可能。

专家们还对湖里的鱼进行了辐射检查，也没有发现有什么异样的地方，这用肉眼也看得出来，湖里的鱼照样还是很多，每一条都长得肥肥的，而且都很鲜活。湖里的水藻也长得非常茂盛，水里面还有不少虾。湖面上的天鹅过着悠闲的生活。湖四周像松鸡、榛鸡和野鸭这样的野禽也到处都是。

专家们还从湖岸上取了苔藓、地衣和雪样，希望从中能找到一点依据证明死者是中毒死亡，可在这些样品上找不到任何疾病感染源。

还有人曾做过这样的假设：会不会湖泊处在地壳的断裂带，这里

会是一个上源性致病区呢?不过如果是这样,这里起码会有些化学变化,可是却找不到一点化学变化的痕迹。如果这是一种世界上没见过的大自然异常现象,那为什么死的只是人,而其他的动植物却活得好好的呢?

州地质队队长叶甫盖尼·马柳京想起该地区曾有过天然气泄漏的情况,但每次泄漏的都只是味道很呛的甲烷。卫生防疫站的工作人员花了很长时间去寻找类似的中毒事件,他们发现秋明州曾暴发过一种在渔村中罕见的疾病。那是因为有人吃了感染了不明毒素的鱼。但是由当事人带回家的鱼让全村人都享用了,结果其他人什么事都没有。总之一句话:这事有些不可思议。

阿尔罕格尔斯克州生态委员会主席曾表示:会不会有某种物体时不时地在湖中"造成放射性环境",将有毒物质"抛"到湖面上呢?

为了弄清这个问题,俄罗斯希尔绍夫海洋研究所的研究人员决定开赴休尔济湖,用水下机器人对湖底进行详细研究。

休尔济湖所在的梅津区教育局局长伊戈尔·扎波尔斯基是学医出身,他却对上述结论持怀疑态度。他认为不排除湖中有某种纯技术物体的可能,但他最担心的是会不会有某些类似火箭的飞行物碎片掉到了湖中。

多年来,总有人在梅津区的土地上发现火箭燃料碎片的坠落,而且还给它们划定了三个坠落区。休尔济湖虽然不在这三个区的任何一个区域中,但是它离普列谢茨克发射场仅有20千米的距离。而且当地居民都相信,曾经有火箭坠落湖中。为此研究人员曾从湖中取过水样,送到普列谢茨克的化学分析中心进行化验,但结果却未发现任何火箭燃料成分。

扎波尔斯基的意图相当明确。如果在湖中找到了火箭残片,那就可以找到索赔的对象了。可作为医生的他却忘了,火箭燃料不可能造成人身体骤然变坏和几乎是顷刻间的死亡,除非是将它泼在身上。而且卫生部州分局局长尤里·巴拉乔夫斯基也做过声明,说缺乏足够证据证明火箭燃料里存在有毒成分。

围绕这件事,简直可以说是众说纷纭。有人说,在流入休尔济湖的一条小河岸上曾经见过一件很像火箭残体的物体,但考察队却什么也没发现。还有人说,20世纪80年代末,经常有直升机从湖区上空飞过,机上的人到底在寻找什么,至今也仍然是个谜。

神秘现象
神秘的大西洋深处

世界上的许多海域对于人类来说都是非常神秘的，这种神秘性引起科学家的兴趣，但是科学的探索却不能对所有的现象做出解释。比如突然从大西洋深处出现的神秘水下潜艇，它的出现导致军舰上的雷达声呐系统全部中断，而现代化的鱼雷炮弹和深水炸弹都对它无可奈何，这究竟是怎么回事呢？

神秘的水下潜艇

1990年的秋天，在大西洋东北部海域，瑞典和北约海军举行的一次大规模演习中，突然发现了一艘神秘的水下潜艇，这艘潜艇迅速地进入演习海域。它的到来使参加演习的军舰上的雷达、声呐系统全部中断。北约海军的十多艘军舰在开恩克斯纳其海湾展开了一场大围剿，想要抓获这艘神秘的水下潜艇。没料到当炮弹和深水炸弹如雨点般地攻击目标时，炮弹、炸弹全部都悄无声息地消失了。当这艘神秘的水下潜艇浮出水面时，北约所有军舰上的无线电通讯系统全部失灵。北约海军又向它发射了多枚技术上最先进的"杀手"鱼雷。这种鱼雷准确度极高，能自动追击目标，但出乎意料的是，"杀手"鱼雷不仅没有爆炸，反而消失得无影无踪。

洋底黑潮

几年前，法国的海洋科学考察船"巴米罗亚号"，在大西洋亚速尔群岛海域发现了一股股从洋底涌出来的巨大黑潮，这一股股像中国的墨汁一样的黑潮流向了千里以外的法国海岸。经科学家们检测，黑潮里含有一些地球上罕见的稀有金属。"巴米罗亚号"上的科学家们发现，这一股股黑潮是从三千米深的大洋底部冒上来的。难道这是地球从内部排出的"呕吐物"吗？这些神秘现象实在令人难以解释。

世界神秘现象

神秘现象
飞机地狱

占地球表面积 2/3 的海洋，存在着很多奇异的海域，如著名的百慕大三角区、日本魔鬼海域等。在太平洋龙三角与大西洋百慕大中间的地中海一带，也存在一片非常奇异的海域。地中海和北岸的卡尼古山山谷一带便是这奇异地带的中心地区。卡尼古山山谷更是成为飞机失事的多发区和飞行禁区。因此被人们称为"飞机墓地"。

出现神秘怪人

1951年6月，在卡尼古山山脚下的卡斯特尔村，人们亲眼见到了一个近两米高的怪人——此人体格健壮、头披白色长发、身着合体的灰色服装。可那身服装上既没有纽扣，也没有缝线的痕迹。他吃的是面包，喝的是牛奶。附近村民从来就没有与他交流过，也不知道他来自何方，更不知道他是怎样来到这里的。这个人没有和任何人说话，只是在村外走来走去，不一会儿就不见了。

可是没过多久他又出现了，一切都显得那么神秘莫测。人们由他的长相认为，他是外星人的可能性非常大。因此，人们认为卡尼古山山谷多少年来发生的怪事都与这个怪人有关联。

资料统计

据有关资料统计，卡尼古山从1945年初至1967年6月竟发生了11起空难，共有229人罹难，如此高的灾难发生率实在令人吃惊。一些细心的人做了如下统计：1945年3月，一架英国的解放者式飞机遇难，5人死亡。1950年12月，一架摩洛哥空军的DC-3型飞机遇难，3人死亡，4人受伤。1953年2月，一架法国的北阿特拉斯式飞机遇难，6人死亡……这一系列飞机罹难事件使得卡尼古山山谷一带成了可怕的"飞机墓地"，更给人们留下了无数谜团。

神秘现象
自焚火炬岛

荷兰帕尔斯奇湖上,有一个能让人自焚的火炬岛,为什么人在这个岛上能自焚?人们一直在寻找答案。17世纪50年代,几位荷兰人来到帕尔斯奇湖,当地人劝他们不要去火炬岛。一位叫马斯连斯的荷兰人觉得当地人是在吓唬他们,他并不理睬当地人的劝告,固执地邀了几个同伴前去火炬岛,寻找所谓印第安人埋藏的宝物。当他们一行人来到小岛附近的时候,几个同伴忽然胆怯起来,准备返回去,只有马斯连斯一人不肯罢休。同伴们远远地目送着他的木筏慢慢接近小岛,正当他们要离开时。突然看到一个火人从岛上飞奔出来,一下子跃进湖里。那不就是他们的同伴马斯连斯吗?他们迎上前去,只见水中的马斯连斯仍在继续燃烧……

探寻火炬岛

1974年,加拿大萨斯喀彻温省普森理工大学教授伊尔福德组织了一个考察组,来到火炬岛进行调查。通过细致分析,伊尔福德认为,火炬岛上的人体焚烧现象,是一种电学或光学反应。该观点一出立即遭到考察组的哈皮瓦利教授的反对,哈皮瓦利认为:火炬岛上的某些地段存在某种易燃物质,当人进入该地段后,身体便会着火燃烧。正因为他们都认为这种自焚现象是由某种外部因素引起的,因而去火炬岛时都穿上了特别的绝缘耐火耐高温材料服装。在岛上,他们并没有发现有什么怪异的地方。然而,就在考察即将结束时,同行的莱克夫人突然觉得心里发热,伊尔福德立即叫大家迅速从原路撤回。就在这时,走在最前面的莱克夫人忽然惊叫起来,只见莱克夫人的口中、鼻中喷出阵阵烟雾,接着冒出了一股烧焦了的肉味。待焚烧结束后,那套耐高温的服装居然仍完好无损,而莱克夫人的躯体早已化成灰了。诡异的人体自燃事件使火炬岛更加扑朔迷离。

世界神秘现象

神秘现象
世界各地的"怪坡"

世界之大，无奇不有。自来都是"下坡容易，上坡难"，"水往低处流"，但大自然中却偏偏有令人惊奇的景象。如果你想体验"上坡轻松，下坡费劲"以及"车往坡上滑，水往高处流"的神奇感觉，那么就到这些"怪坡"来看看吧。

辽宁的"怪坡"

位于辽宁省沈阳市新城子区清水台镇周家村东北方的寒坡岭是中国最早被发现的怪坡。1990年5月，一辆面包车途经此地，司机下车小歇，就在此时，这辆熄火的面包车已自行从坡底"滑行"到了坡顶。

这条"怪坡"长约90米、宽约15米、坡度为18.5°，坡道平坦，两边长满了小草，和一般的山坡无太大差别。

但就在这"怪坡"上，汽车下坡必须加大油门，而上坡时即使熄火也可到达坡顶；骑自行车下坡要使劲蹬，上坡却要紧扣车闸；即使人在坡上行走，也是上去容易，下来难。

台湾的"怪坡"

你见过"水往高处流"的奇景吗？在台东县东河乡一个名叫"都兰"的旅游胜地，就有这样一处与众不同的景观。

"怪坡"旁有一股小山溪，溪水流到山脚下的农田，而靠近山脚旁的另一股溪水却不往下流，偏偏反其道而行之，向山坡上流去，观者无不称奇。

人们惊异于华夏大地上出现的这些"怪坡"，这种不可思议的神奇力量吸引人们纷纷前往一探究竟。非常有趣的是，类似"上坡轻松、下坡费劲"的"怪坡"，在世界各国也发现了多处。

乌拉圭的"怪坡"

南美乌拉圭的巴纳角地区，是一个"怪坡"的集中地，汽车只要开进这一地区，便怪事不断。汽车不但会抛锚，而且还会有一种不知从何而来的神力，把汽车推出几十米远。

韩国的"怪坡"

如果你有机会开车到韩国的济州岛，在天马牧场附近的516国道上，会经过一段"怪坡"。汽车到此，如果将车子熄火并置于空挡，不一会儿，汽车就开始向坡上滑行了。

美国的"怪坡"

美国犹他州也有一个被人们称为"重力之山"的奇特山坡，是闻名全球的"怪坡"。这是一条直线距离为500米左右、坡度很大的斜坡道。驱车到此，将车停下，松开制动器，汽车便像是被一种无形的力量拉着似的，缓慢地向山坡上爬去。

"怪坡"探秘

世界怪坡之谜引起科学家们的广泛关注，并多次进行科学实验，结果表明：在"怪坡"上，越是质量大的物体，越容易发生自行上坡的奇异现象。针对这种"怪坡"效应，游客、探险家和科学工作者先后提出了"重力异常""视差错觉""磁场效应""四维交错""黑暗物质"和"飞碟作用""鬼怪作祟""失重现象""黑暗物质的强大万有引力"及"UFO的神秘力量"等各种解释，大家众说纷纭，但又都难以使人信服。

神秘现象
卡纳克石阵

欧洲各地遍布巨石古迹。从南边的意大利至北方的斯堪的纳维亚,还包括不列颠群岛,巨石古迹几乎随处可见。其中规模最大的要数法国西部布列塔尼的卡纳克。这里不仅石块众多,而且范围广大,有8 000米长。如果按照精密的计划实施,这样的石阵必定要耗费很多人力。可当时是谁完成了这一伟大的创举?答案至今仍无人知晓。

巨石阵的组成

卡纳克石阵主要由3组巨石组成:勒梅尼克、克马里奥和克勒斯冈,都在卡纳克北部。巨石的高度参差不齐,最矮的在勒梅尼克西端,约高0.9米;最高的在克马里奥,高达7米。勒梅尼克共有1 099块石头,排成11行,占地宽约1 000米,长100千米。其东面是克马里奥,石阵共10行,延伸达2 000米。再往东是克勒斯冈,几乎排成正方形,共13短行,540块巨石,末端是由39块巨石围成的半圆。另外还有第四组位于小勒梅尼克,是最小的石阵,仅有100块石头而已。各组的排列大致相同,全部沿东西方向分行排列,各行间的距离不同,接近外缘即南北边缘的行距较密。巨石排布越靠近东端,石块便越高,而且排得越密。偶尔有些石块并不排成直线,而是排成平行的曲线。

残缺不全的巨石

卡纳克现存的3 000块巨石,可能只是原来的一半。数目减少的原因是有些石块已风化,更多的被当地农民和收藏家拿走,还有地震的破坏,尤其是1722年的大地震,使许多石块倒下跌碎了。

石阵建造者

各组石块是公元前3500年至公元前1500年间的不同时期竖立的,约与英国的巨石阵和埃及的金字塔同期。虽然卡纳克的"建筑师"是谁以及他是用什么方法建造的这些石阵仍是个谜,但地质学家大致同意部分巨石的竖立年代早于轮子在欧洲出现的时期。石块采用当地的花岗岩,从采石场拖至卡纳克,然后竖在预定位置。由于最高的石块可能重逾350吨,这项工程估计使用了许多人力。按当时男性的平均寿命为36岁,女性30岁来计算,应该没有一个在工程开始时参加的人能活到这项伟大工程竣工的时候。

墓丘

巨石砌成的大道和圆环并不是卡纳克唯一的史前古迹,在这里还发现了一些陵墓,至少有两个建于公元前4000年。克马里奥巨石行列的方向,正指着一个长满青草的墓丘上一块竖立的石块,这块石头就是通往卡加度墓丘的入口标记。墓内一条以石块铺砌的甬道通往一个方形石室,这里葬着一代又一代的当地人。这座墓丘建于公元前4700年,入口朝向冬至日出的方向,是欧洲现存最古老的墓丘之一。

神秘现象
巴哈马大蓝洞

巴哈马群岛位于美国佛罗里达半岛外的罗萨尼拉沙洲与海地岛之间。巴哈马群岛由30个较大的岛、600多个珊瑚岛和2 000多个岩礁共同组成,全长1 220千米、宽96千米,总面积约1.4万平方千米。

巴哈马人称蓝洞为"沸腾洞"或"喷水洞",这是因为在洞口有汹涌的潮流出入。涨潮时,洞口的水围绕一个漩涡飞速转动,能把任何东西吸入;落潮时,洞内喷出蘑菇形水团。因此一些当地人相信,蓝洞内生活着一种半似鲨鱼半似章鱼的怪物。

解密大蓝洞

巴哈马大蓝洞的全部洞穴都在水面之下,全长800米,直通大海。各洞窟彼此都有通道连接,通道间岔路很多,连接着小洞窟。洞中的钟乳石和石笋形态各异。这里虽然终年得不到太阳的照射,但却充满了生机。

那么,巴哈马大蓝洞为什么会在水下形成呢?

巴哈马群岛原来是一条巨大的石灰岩山脉的一部分,当时地球上遍布冰川,海平面较低。后来,石灰岩受到酸性雨水的淋蚀而形成了许多坑洼,逐渐成为洞穴。之后从石灰岩中析出的硫酸氢盐和钙慢慢形成了石笋和钟乳石。没有水的支撑,洞顶开始坍塌,很多洞窟的顶部弯成了穹形。距今1.5万年前,冰川因地球气候转暖而开始融化,海平面也逐渐升高到现在的高度,一部分陆地变为海洋,于是巴哈马群岛中的一些洞穴就变成了水中洞穴,因此形成了巴哈马大蓝洞。

一般的海底洞穴一旦形成,便常常被淤泥冲积物充塞掩埋,因而海底洞穴极为罕见。而巴哈马大蓝洞由于附近大河少,沉积物少,而且水流较急,能将附近的沉积物迅速冲走等原因而得以存留至今。

神秘现象
神秘的磁力旋涡地带

美国的俄勒冈州有一个磁力非常非常强的地方,所有去过那里的人,看到眼前令人惊奇的一幕,无比震撼。鸟儿一旦飞到那里,就很难移动,经过一阵激烈的挣扎,慌慌张张地向别处逃去。

"俄勒冈旋涡"形成一个很大的圆圈,直径约为50米。仪器测定的结果显示,这里有个令人匪夷所思的磁力圈。它以9天为一周期,周而复始,沿着圆形轨道移动。

在这个圆圈内,有一栋非常陈旧的小屋。很久以前它是一个金矿的办公室,1890年人们迁往别处,从那以后这里就一直荒废着。这栋房屋看起来有些向东倾斜,而且损毁得非常严重。

进入这个屋子,就会有身处另一个世界的感觉。挺身站在这个屋子中,身体会不由自主地向磁力中心倾斜,倾斜度大约为10°。小屋的屋梁通过一根坚韧的铁链吊着一个重达13千克的铁球,铁球悬吊的角度,并非竖直,而是歪向旋涡的中心点,这是磁力圈中磁力作用的结果。

在小屋中,将一块木板放在磁力中心的这一边,会发现其位置较高,而放在没有磁力的那边,位置则较低。这时在木板上摆一个空瓶,你会发现空瓶并不会向较低的那边滚下,而是滚向地势较高的磁力中心点。倘若把橡皮球放在旋涡磁力圈内,橡皮球便会向磁力中心点滚过去。把纸张撕成碎片后随手散掷于空中,碎片就会被卷进旋涡中,然后落在磁力中心点,这一切就像有人在空中搅拌碎纸似的,太不可思议了。这种奇妙的现象,任何人看了都会怀疑自己的眼睛看到的是假象。

然而对于这个旋涡磁力圈的形成原理,至今还没有令人满意的科学解释。但是,我们相信,在不远的将来,随着科技的进步,人们最终会解开磁力圈的奥秘。

世界神秘现象

神秘现象
"刺天剑"之谜

卡帕多西亚这个名字在过去似乎默默无闻,人们很少留意关于它的一些事情。只模糊地记得它位于小亚细亚。但今天,卡帕多西亚成了世界旅游胜地,声望日隆。

人间石锥乐园

在卡帕多西亚,无数锥形和金字塔形的岩石从荒凉的深谷中拔地而起,构成了非常独特的景观。有些石锥从下至上逐渐变尖,十分光滑;有些则十分粗糙,奇形怪状;还有许多大小不同、形态各异的石柱和岩石。石锥的颜色更是绚丽奇诡,有淡黄、粉红、深朱、浅蓝及淡灰,多姿多彩。

石锥主人的魔力

民间流传着石锥起源的神话:很久以前,卡帕多西亚被一支掠夺成性的军队围困,当地居民祈祷真主帮助,结果敌兵全化为了石锥。令人惊叹的是:不少石锥和岩石顶上都有深色的石板。远远望去只见那些石锥千奇百怪:有些形似古怪的蘑菇;有些则似身披斗篷、歪戴帽子的绅士;有些地方,石锥乱七八糟地散布在谷底;有些地方则排列得井然有序。

卡帕多西亚石锥矗立于埃尔吉亚斯死火山高原上。石锥就是由这座高达391米的死火山的喷出物质形成的。千百万年以前,埃尔吉亚斯火山猛烈喷发。火山灰散布在广阔的地面上,冷却后凝固成一层厚厚的凝灰岩,质地较软,用刀便可削刻。凝灰岩经长期风雨剥蚀,雨水冲刷出了壑沟、峡谷,留下了千姿百态的锥形丘陵。

火山喷出的凝灰岩有些温度非常高,与下层岩石融合,形成较坚硬的岩石层,颜色较深。这里沟壑纵横,呈现出奇特的自然景观,令人赞叹不已。

神秘现象
非洲黑人迁徙之谜

墨西哥东部大西洋沿岸的特雷斯—萨波特斯有一片茂密的林海，在林海深处耸立着一尊巨大的、面庞酷似非洲黑人的石雕头像。最早发现它的是考古学家斯特林率领的考察队，差不多在同一时期，其周围的拉文塔、圣洛伦索等村庄也发现了好几座高约2.5米、重达三四十吨的头像。这些头像很像中非黑人的模样，宽平的鼻子、肥厚的嘴唇、突出的下颌、扁桃似的眼睛，从脸型到头型都很相像。头像用整块玄武岩雕刻而成，并且安置在石头底座上，个个面向东方，眺望着远方的大西洋。经考古学家鉴定，这些头像已有3 000年历史，这会是3 000年前处于墨西哥奥尔梅克文化时期的古代奥尔梅克人的杰作吗？可那时奥尔梅克文化时期的人们甚至还不会使用轮子和牲畜，现在在维拉克鲁斯博物馆陈列的三个头像还是1962年墨西哥政府采用了最现代化的交通运输工具运到那儿的，然而眼前的事实又怎么解释呢？

世界著名的语言学家、人类学家塞尔蒂马和其他一些专家、学者认为这些石雕头像是古代非洲土著人在当地留下的精美的艺术珍品。为证实这一点，挪威旅行家图尔·海耶达尔和法国的克里斯蒂安·马蒂相继进行了横渡大西洋的试验，图尔·海耶达尔仿造3 000年前非洲黑人使用的船舶做成了一艘纸莎草船，并亲自乘坐此船从摩洛哥出发，开始了航行，他的目标是横渡大西洋。1969年他冲破大西洋上的惊涛骇浪，登上了加勒比海上的巴巴多斯岛。试验成功了！他用亲身经历证实3 000年前非洲黑人已能用自己制造的船，顺着大西洋的洋流从非洲漂流到拉丁美洲。

12年后，法国的克里斯蒂安·马蒂乘坐一块面积仅两平方米的有帆的水上滑板，从塞内加尔首都达喀尔开始，经过一个多月的海上颠簸，于1982年1月在南美洲法属圭亚那的库鲁市附近海滩上登陆，也成功地横渡大西洋。

塞尔蒂马本人则从历史角度来推导最早到达美洲大陆的是公元前

8世纪的努比亚人,也就是今天的苏丹人。当时,努比亚已进入奴隶制社会,他们用武力征服了埃及,建起了新王朝,并早已与埃及展开贸易,与历史上享有盛名的航海家腓尼基人也开始有了接触。腓尼基商船已能横渡大西洋。努比亚人在征服埃及后常随腓尼基商船一起航行,他们熟练地掌握了航海技术并积累了丰富的航海经验,而且以非洲最早的文化使者的身份来到美洲大陆,开始新生活。那些巨型头像有可能是努比亚人雕刻的,石刻头像上的圆形头盔与当时努比亚士兵的头盔相同,这难道不是努比亚人雕刻这些石像的一个佐证吗?至今仍可发现墨西哥一带的印第安人和西非海岸黑人在语言、词汇上有部分相似之处。最能证实上述观点的是:相传13世纪马里帝国逐渐强盛起来,通过武力扩张,成为当时的一个强国,经济、文化、交通均很发达。阿布巴卡里二世登基后,一改上任的武力侵略与对外扩张政策,通过航海来炫耀实力。他调动了全国的力量,成立了一支庞大船队,企图征服茫茫大洋。1301年他派遣第一支船队向大西洋另一岸进发。船队起航不久,只有一艘船的船长顺利返回,其余船只都驶往大西洋彼岸去了。次年,阿布巴卡里二世由于得不到船队回音,亲自率领黑人船队再次向大洋另一岸出发。在他走后,马里帝国再也没有得到有关国王的消息。塞尔蒂马推断,这两支部队都到达了美洲,而后来哥伦布和努涅斯等向西班牙王室报告的美洲新大陆的黑人,就是这些马里人。此外,经化学成分分析哥伦布从埃斯帕尼奥拉岛带回的黑人使用过的矛头,与当年马里国王阿布巴卡里二世从西非几内亚海岸出发时当地人民使用的矛头化学元素相同,这也从一个侧面证明了塞尔蒂马的观点。

但是,美国一些专家学者并不赞同塞尔蒂马的意见,耶鲁大学的迈克尔·科耶教授就是其中一位。他说,在墨西哥东部大西洋沿岸原始丛林中找到的一批巨石人头像不是非洲人,至于说它们的形貌与非洲黑人特别相似,那是技术粗糙造成的,那时雕刻工具简单,加工艺术也比较简单。苏联专门从事研究拉美文化的两名学者叶菲莫夫和托卡列夫则认为,这些人头石雕像仅仅是墨西哥奥尔梅克文化的优秀代表。此外还有不少人认为,即使有为数不多的非洲人在某种特殊情况下来到美洲,也不可能对当地的美洲文明产生较大的作用和影响。

由此看来,非洲黑人何时出现在美洲大陆,仍然是一个无法解答的难题,在没有新的有力证据出现的情况下,所有猜测和推断都只是一种断章取义的假想,对此的争论也会不断进行下去。

世界神秘现象

历史未解之谜

神秘现象
"水门事件"主谋之谜

"水门事件"使尼克松成为美国历史上首位被迫辞职的总统。但人们认为,尼克松事先并不知道这件事,只是因为他事后掩盖事实,阻碍司法调查,并向公众说谎而引起民愤,最后导致被迫辞职。

马格鲁德的回忆

当年任尼克松竞选连任委员会的副主任杰布·斯图尔特·马格鲁德在美国公共广播公司拍摄的一部纪录片中谈到,他曾听到尼克松指示米切尔派人对民主党竞选总部进行窃听,并鼓励米切尔大胆去干。事发后,他以为尼克松能救他,所以帮他掩盖了这个秘密,但不久尼克松就下台了。马格鲁德因妨碍司法公正,被判了数月监禁。

马格鲁德的这段揭露轰动了整个美国。现代美国历史上的一个"谜题"也就解开了,那就是尼克松总统究竟对水门事件知道多少。

众说纷纭

尽管马格鲁德是当事人,他作为当时竞选连任委员会的副主任,能够与尼克松政府里的高层接触,但威斯康星州大学的专家斯坦利·库特勒却对此表示怀疑。他说,如果尼克松确实下达了这个命令,这样重要的信息不可能不被揭露出来。

水门事件的中心人物之一、前白宫律师约翰·迪安对马格鲁德的说法也不能理解,他说:"虽然没有理由怀疑他的指控,但我自己没有任何证据能证明尼克松一开始就知道这件事。"

历史学家理查德·里夫斯相信马格鲁德的说法,他认为尼克松完全有可能亲自下达对民主党竞选总部窃听的命令,而且他觉得马格鲁德没有说谎的必要。

双方据理力争,可谁也不能完全还原事实真相,答案依旧扑朔迷离。

神秘现象
撒哈拉沙漠壁画之谜

人们对撒哈拉沙漠并不陌生,它是世界第一大沙漠,那里的气候炎热干燥。然而,令人迷惑不解的是,在这样极其恶劣的自然条件下,竟然有过高度繁荣昌盛的远古文明。当你面对沙漠上许多绚丽多彩的大型壁画时,当远古文明的结晶触手可及时,一种神秘感便会油然而生。但今天的人们已经难以对这些壁画的绘制年代进行准确考证了,壁画中那些奇形怪状的事物在人们看来也神秘莫测,这成为人类文明史上的又一个谜团。

壁画表明沙漠原是绿洲

哪里有谜团,哪里就会有探索的足迹。1850年,德国探险家巴尔斯来到撒哈拉沙漠进行考察,无意中发现岩壁上刻有鸵鸟、水牛及各式各样的人物像。1933年,法国骑兵队来到撒哈拉沙漠,偶然在沙漠中部的塔西利台、恩阿哲尔高原上发现了长达数千米的壁画群,它们全部绘在受水侵蚀而形成的岩石上,五颜六色,刻画出了远古时代人们生活的情景。此后,世人将注意力转到撒哈拉,欧美一些国家的考古学家也纷纷前来。1956年,亨利·罗特率领法国探险队在撒哈拉沙漠发现了10 000多幅壁画。第二年,他又将总面积约1 080平方米的壁画复制品及照片带回巴黎,一时间成为轰动世界的奇闻。

人们可以从发掘出来的大量古文物中发现,距今10 000年到4 000年,撒哈拉不是沙漠,而是大草原,是草木茂盛的绿洲,当时有许多部落和民族生活在这块美丽的沃土上,并创造了高度发达的文明。这一文明最主要的特征是磨制石器的广泛流行和陶器的制造,这也是生产力发展的重要标志。

在壁画中,人们还可以看到撒哈拉文字和提裴那古文字,壁画的表现形式和手法相当复杂,内容丰富多彩。这说明当时的文化已发展到相当高的水平。绘制壁画所用的颜料是不同种类的岩石和泥土。远古人将台地上的岩石磨成粉末,加水调制后作为颜料绘制成壁画,由

世界神秘现象

于颜料充分地渗入岩壁内，因而画面的鲜艳色泽能保持很长时间，所以经过几千年的风吹日晒至今仍鲜艳夺目。

壁画的内容

壁画的内容多是一些雄壮的武士，他们大多表现出一种凛然不可侵犯的威武神态。另外，壁画群中的动物形象也占有很大比例，它们千姿百态，神态各异。壁画创作技艺非常卓越，可与现代任何杰出的壁画作品相媲美。艺术来源于现实，根据这一理论，我们可以从这些动物图像中推想出古代撒哈拉地区的自然风貌。

远古宇航员

更加令人不解的是，在恩阿哲尔高原的丁塔塞里夫特曾发现一幅壁画，画上都是一些戴着奇特头盔的人，头盔的外形很像现代宇航员的头盔。为什么这些画中人要穿厚重笨拙的服饰，头上要罩个圆圆的头盔呢？

后来，美国宇航局在对日本陶古进行研究的过程中，发现了一些关于撒哈拉壁画的蛛丝马迹。

所谓日本陶古，是在日本发现的一种陶制小人雕像。陶古有蒙古服的意思。美国宇航局科研人员认为，这些陶古是一些穿着宇航服的宇航员。这些宇航员不但有呼吸过滤器，而且有由于充气而膨胀起来的裤子。科学工作者的这个研究成果，不仅来自对陶古的认真研究，而且他们还把一段神话传说作为参考的依据。日本古代有个关于"天子降临"的传说，在这个传说出现100年后，日本就有了陶古。所以人们认为，传说中的"天子"，也许正是天外来客，而陶古恰恰是这些"天子"——宇航员的肖像画和雕塑。

我们用唯物主义的观点去看待这个世界，当然不会相信有神的存在。然而，那些触手可及的遗迹，又确实是我们地球人目前准以解释的。我们认为外太空的生命有可能曾经在我们地球上留驻过，正如我们在月亮上曾留下地球人的痕迹一样。

新疆岩洞里的月相图

在20世纪60年代初，中国考古人员在新疆一座古老的山洞里也发现了一批古代岩画，经科学家考证，这是数万年前的作品。其中，有一组世界上最早的月相图，它是由新月、上弦月、满月、下弦月、残月等连续画面组合而成的。

在满月图中，球体南极处的左下方，刻有7条呈辐射状的细纹线，这表明满月图作者极其准确地知道月球上有由大环形山中心辐射出的巨大辐射纹。这与我们现在用天文望远镜观察到的月球表面呈放射状分布的大环形山非常相似。数万年前的原始人怎么会知道月球表面的地貌呢？难道这数万年前的月相图并非原始人所刻绘？那么，这古老月相图的作者又是谁呢？

意大利的"史前宇航图"

在美国的加利福尼亚、伊朗的西雅尔克、意大利的布列西亚、墨西哥的帕伦克等地相继发现了绘有这类颇似宇航员形象的岩画。看来这已成为一种普遍的现象。

其中，意大利的布列西亚史前岩画上画有两个人物，他们都穿着鼓鼓囊囊的套服，头上戴着奇怪的密封盔，盔上还伸出天线似的短角，手里拿着工具似的东西。至于墨西哥的帕伦克岩画，则是在当地一座金字塔中深藏的石棺盖上发现的，画中人物像是正在驾驶着飞驰的火箭。图中刻画出的飞行物前身呈尖形，稍后是几个形状奇特的凹口，像是舱门或通风口，再往后逐渐变宽，尾部是一股喷出的火舌。画中的玛雅人上身前倾，手里握着操纵杆状的东西，左脚跟踩在一块踏板上，正全神贯注地注视着眼前的仪表，显然，"火箭"正处于向前飞行的状态。这位操纵员的头盔装置也非常复杂，有透气口、管子，还有天线般的东西。他的衣着也恰到好处，一套紧身连衣裤，腰间束着宽皮带，手臂和腿部紧束着绑带。他的前座与运载器的后部隔开，在运载器内可以看到各种对称的方、圆、点和螺旋线。

在这幅现代人眼中极度超越了时代的古代作品上，究竟隐藏着怎样的信息呢？或者说，它将会告诉后世哪些秘密呢？玛雅人的祖先是否曾经接待过神秘的"天外来客"呢？这所有的一切都等待着研究者们进一步探索。

神秘现象
所罗门王"宝藏"之谜

所罗门是犹太历史上空前绝后的一代国王,他以才智赢得了四方的尊敬和朝拜,邻国的国王每年都会派遣使臣来进贡金银财宝和名贵香料。这一时期,犹太人的手工业、商业,特别是对外贸易都达到鼎盛,人们称所罗门统治时期为"黄金时代"。传说在公元前10世纪,所罗门修建了一座宏伟的犹太教圣殿——耶和华神庙,并在神殿中央的"亚伯拉罕神岩"下修建了地下室和秘密隧道。在那里存放了数不清的金银财宝。从此以后,人们都知道了所罗门有一个藏宝之地。

后人的寻宝之旅

所罗门王之后,犹太王国日渐衰落。公元前586年,耶路撒冷被新巴比伦国王尼布甲尼撒二世攻陷,巴比伦人曾在"亚伯拉罕神岩"的地下室和秘密隧道中寻找所罗门的财宝,最终因地下室和隧道结构复杂,无法找到财宝只得放弃计划,圣殿也因此被付之一炬。但所罗门财宝仍对世人有着巨大的诱惑,寻宝行动至今从未间断过。这些财宝究竟藏在哪儿呢?有人认为地下室的秘密隧道是这些财宝的藏身之处;还有人认为在巴比伦人攻陷耶路撒冷以前,这些财宝已经被转移到别的地方去了。有些人通过进一步猜测,得出这样一个结论:在所罗门王统治时期,他常常派船只出海远航,而且每次都是满载而归,所以,大海中的某一个岛屿也许就是所罗门储藏黄金的宝库,那些船中满载的金银财宝就是从这个宝库中运出的。相信这种说法的一些冒险家纷纷去寻找这个岛屿或大陆。

1568年,一个名叫门德纳的西班牙航海家率领船队踏上了一座岛屿。当他发现岛上的人都佩戴着金光闪闪的各种首饰时,竟兴奋地以为这里就是所罗门藏宝之地,并给当地取名为"所罗门群岛",自以为实现了多少人梦寐以求的寻宝美梦,但结果却是一无所获。至于所罗门宝藏究竟在哪里,现在仍是一个谜。

神秘现象
金字塔之谜

金字塔一直都是备受关注的建筑，它是古代埃及法老的陵墓。一些研究秘传的学者认为，坐落在埃及等地的每一座金字塔都可能是一个巨大的文化和能量聚集地，以传播宗教的奥妙，接受宗教的考验，实践宗教的课程。

能量的聚集地

一种说法是聚集在金字塔里的能量巨大无比，它可以影响到四周地域的气候变化。另一种说法是，最后一批离开埃及的文明人，为防范后人破坏他们的创造物，就利用金字塔的能量摧毁赫奥普斯金字塔周围的一切，使之成为一片茫茫沙漠……

一些科学家发现，金字塔内部会形成强大的磁场。把铁屑散布在模型周围做试验证实了这一磁场的存在，铁屑构成了一条条不寻常的奇妙曲线。那么，这一磁场是如何形成的呢？

世界神秘现象

20世纪40年代,有人做了次轰动一时的试验。他们把一些用钝的刮脸刀放置在金字塔里,经过12个小时,刮脸刀竟变得锋利如初。这个试验只要求遵守一个原则:刀口必须对着南极或北极。而且经过这样的处理之后,刮脸刀变得十分耐用。

金字塔里的古船

1954年,人们在清理胡夫金字塔的那堆乱石时发现了石墙和用巨大的石灰岩石料砌成的封顶。拆除了部分石墙后,考古学家发现了两个在基岩中凿出的硕大的坑。坑里埋藏的并不是法老或他的后妃,也不是金银财宝,而是一条被拆卸的古船。

这条船船身细长,头尾高翘,有甲板室,长43米。船壳采取纵向缝合的方式,然后用钢箍加固,再用防水剂抹缝。船上使用的桨,很像中国的梭镖。

那么,这条古船当时到底有什么用途呢?在继续挖掘大坑后,考古学家们又发现了一条三桅帆船,同上一条古船极其相似。

多数学者认为它们都是灵船。胡夫死后,一条船载石棺,一条船载内棺和尸体,一前一后,向金字塔脚下的一座庙宇驶去。运到后,尸体和棺材被抬上岸,沿专门修建的道路抬进庙里。

然而这只是猜测,有人提出了不同的见解。在胡夫时代,尼罗河平原上河流纵横,船是一种极其重要的交通工具。但发现这两条船的时候,它们被卸成了上千块,这又是为什么呢?迄今发现的许多墓室壁画,上面都有这样或那样的船。古埃及人还乘船在沼泽地或芦苇荡中打猎。古埃及人也造海船,跟地中海的其他国家进行海上贸易。船冢里埋的这两条船,其真正的用途让人困惑不解。

神秘现象
可怕的法老咒语

迄今为止,埃及金字塔对于全世界来说仍是个谜。在漫长的历史岁月中,它始终笼罩着神秘的面纱,充满着神奇的色彩,也正因为如此,它才吸引了越来越多的研究者和探索者。然而金字塔中最令人毛骨悚然的还是金字塔墓碑上的咒语:"不论是谁骚扰了这位法老的安宁,'死神之翼'将在他头上降临。"其实,这些神话般的咒语只是想告诫那些觊觎墓穴中无价珍宝的后人,以防盗墓。但可怕的是。这个咒语真的应验了。凡是胆敢进入法老墓穴的人,无论是盗墓贼、冒险家,还是科学考察人员。最终不是当场毙命,就是不久后因染上奇怪的病症而痛苦地死去。这不能不使人感到恐惧和费解。

图坦卡蒙陵墓被开启

1922年11月26日下午,在埃及"帝王谷"一座金字塔脚下陡峭的地下通道里,站着两位神色严肃的人。矗立在他们面前的是一座封闭了三千多年的古代埃及法老的墓门。考古学家霍华德·卡特为了寻找这个墓穴已经付出了几十年的心血,他身旁站着的是8年来为支持他而耗费巨资的卡纳冯勋爵。他们终于盼来了这一天。卡特小心翼翼地凿开墓门的一角,卡纳冯在他身后睁大眼睛往里瞧。随着一块块泥土往下掉,气氛变得异常紧张起来。洞口越来越大了,卡特怀着忐忑的心情,用颤抖的手举起手电筒向里照。过了一会儿,卡纳冯用嘶哑的声音问道:"你看见什么了?"卡特转过身子,眼睛里闪着光芒,结结巴巴地说:"我看见了,奇迹……了不起的奇迹!"

这就是古埃及年轻法老图坦卡蒙陵墓的发现过程。这一

世界神秘现象

发现成为当时考古史上轰动世界的重要事件。图坦卡蒙统治埃及9年，公元前1350年，18岁时便神秘地死去了。他一定不会料到，自己被埋葬了三千二百多年后又突然成了举世瞩目的"新闻人物"，成为全世界一时间关注的焦点。

这座古墓位于"帝王谷"的峭壁脚下，由4个墓室组成。满地散落的珠宝表明，墓室封上后不久，曾有盗墓者潜入前室。但盗墓者可能胆怯了，他们没敢继续下手，墓门又被重新密封起来。整个墓穴基本上是完好无损的。

当进入墓室时，人们看到满地堆着无数珍宝，不由得欣喜若狂。但是当他们看到一块泥塑板上刻着的一行文字时，都毛骨悚然，不寒而栗了。

咒语应验

正当人们半信半疑的时候，奇怪的事情接二连三地发生了。首先是卡纳冯勋爵在墓穴中被一只飞虫叮了一下，不久便死去了。接着是梅塞纳爵士的秘书迪克·贝瑟尔、考古学家贝尼迪特和帕萨诺瓦、韦斯特伯里爵士、阿奇博尔德·里德（他曾用X光透视过木乃伊）等人都莫名其妙地相继死去。似乎真像咒语所说的，图坦卡蒙王的复仇之剑追逐着卡纳冯勋爵的所有助手和扰乱其安宁的任何人。仅6年时间，就有23人应验了那可怕的咒语走向了死亡。

当人们再次提到图坦卡蒙墓的时候，便会联想到这些离奇的事。1977年7月，卡纳冯的儿子在纽约会见电视记者，当人们问到"法老诅咒"一事时，他说他"既不相信此事，也不怀疑此事"，但即使给他100万英镑，他也不会进入"帝王谷"中的图坦卡蒙墓。这件事无疑给神奇的法老陵墓又增添了一层神秘的色彩。

对"法老咒语"显灵的几种态度

难道那些埃及古代陵墓里早已变成木乃伊的法老们真能在几千年后将发掘者咒死吗？目前对"法老咒语"的所谓显灵，各有见解，综合起来主要有以下几种观点：

一种观点认为，墓道壁上附着有一层粉红色和灰绿色的东西，这可能是一层死光，经研究表明它所放射出的物质能够导致人死亡。

第二种观点认为，埃及当时所具备的文化和科技水平已足以使法老们利用剧毒的昆虫和毒物，将它们置于陵墓中作为防卫的武器，以此来对付后世的陵墓破坏者及盗墓者。1956年，地理学家怀特斯在挖掘罗卡里比陵墓时，就曾遭到蝙蝠的袭击。

第三种观点认为这种现象与木乃伊有关。开罗的医学教授泽廷·培豪在木乃伊中发现了一种已生存了4 000年的病毒，认为人们一旦接触了这种病毒便会出现呼吸道炎和脑膜炎，从而导致呼吸道发炎窒息而死。

1983年，一位名叫菲利普的法国女医生又有了新的发现，经过长期研究后，她认为死亡可能是对墓中霉菌有过敏反应造成的。据她研究，死者病状基本相同——肺部感染，窒息而死。菲利普解释说，古埃及法老死后，随葬品除珍宝、工艺品、衣服外，还放置了各种水果、蔬菜和大量食品，这些食物长久保存，经过千百年的腐烂已变成一种肉眼难见的霉菌，黏附在墓穴中。当进入墓穴中的人吸入这种霉菌后，肺炎便急性发作，最后导致了死亡。

无论是哪一种观点，都试图从某个角度揭开法老咒语的神秘面纱，但要想使谜底昭然于世，还需要科学家们长期的努力。

世界神秘现象

神秘现象

神秘的木乃伊与泰坦尼克号

大约在三千多年前，埃及有一位叫亚曼拉的公主去世后，按照古埃及习俗被制成了木乃伊，葬在尼罗河旁的一座墓室之中。1890年末，4个英国年轻人来到埃及，在当地的走私犯手中购得一具古埃及棺木，棺木中就是这位亚曼拉公主的木乃伊。从此，这位默默无闻的古埃及公主便给许多人带来了一连串离奇可怕的厄运。

公主的诅咒

将棺木带回旅馆的几个小时后，不知道什么原因，4人中的1人竟然无缘无故地离开了饭店，走向附近的沙漠，从此失去踪影，再也没有回来。

第二天，4个年轻人中的另一个在埃及街头遭到枪击，受了重伤，最后将手臂切除。

剩下的两个人也都先后遭受厄运：其中一人回国后离奇地破产；另外一人则身患重病，最后流落街头贩卖火柴。

而在棺木运回英国的途中也是怪事不断。运抵英国后，一位钟爱古埃及文化的富商买下了这具木乃伊。可是不久后，富商有3位家人在一场离奇的车祸中受了重伤，富商的豪宅也不幸失火。在经历变故之后，这位富商只好无奈地将这具木乃伊捐给了大英博物馆。

亚曼拉公主的魔力在还没进入大英博物馆之前便已经开始出现征兆。在运载木乃伊入馆的过程中，载货卡车突然失控将一名无辜的路人撞伤。然后两名运货工人将公主的棺木抬入博物馆时，在楼梯间棺木又突然脱手掉落，压伤了其中一名工人的脚，而另外一名工人则在身体完全健康的情况下，两天后无故死亡。

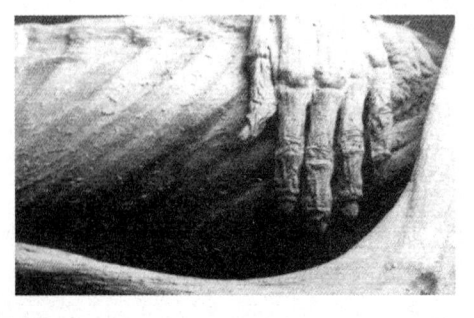

然而，大英博物馆的麻烦才刚刚开始。

亚曼拉公主的棺木被安置在大英博物馆的埃及陈列馆中。在陈列期间，夜间的守卫报告说，在亚曼拉的棺木附近常常会听见敲击声和哭泣声。甚至，连陈列室中的其他古物也经常发出怪声。不久，一名守卫便在执勤时死去，吓得其他守卫打算集体辞职。

由于怪事频发，大英博物馆决定将木乃伊放入地下贮藏室。

可是事情过了还不到一个星期，决定将木乃伊送入地下室的博物馆主管又无缘无故地丢了性命。

有一位报社的摄影记者特地进入地下室，为这具名声大噪的木乃伊拍摄照片，结果却在其中一张照片上洗出了可怕的人脸。后来，没人知道发生了什么事，这名摄影记者就在第二天被发现开枪自杀于家中。

不久，大英博物馆将这具木乃伊送给了一位收藏家，这位收藏家立刻请了当时欧洲最有名的女巫拉瓦茨基夫人为这具木乃伊驱邪。在繁杂的驱邪仪式后，女巫宣布这具木乃伊上有着"大量惊人的邪恶能量，恶魔将永存在她的身上，任何人都束手无策"。最后，拉瓦茨基夫人给这位收藏家提出忠告：尽快将它脱手处理掉。

但是，这时已经没有任何博物馆愿意接受这具木乃伊了，因为在过去10年的时间里，已经有20人因为她而遭到不幸，甚至失去了生命。

诅咒与沉船

不久以后，一位美国考古学家不信邪，不顾一切地花了一笔不菲的费用将她买下，并且打算将她安置在纽约市。

1912年4月，这位考古学家亲自护送她坐上一艘当时轰动造船界的巨轮。为了慎重，他将她安置在船长室附近，希望她能平安地抵达纽约。

而这艘船就是现在妇孺皆知的"泰坦尼克"号！最终这艘"不沉之船"沉没，葬送了一千多条人命。

世界神秘现象

神秘现象
有待破解的"木乃伊书"

伊特拉斯坎人统治意大利半岛大部分地区至少300年的时间，后被势力日渐强大的罗马人赶走。伊特拉斯坎人虔信宗教，能制造精美的艺术品，他们到处旅行，从事贸易，而当时意大利各邻邦仍然以农牧为生。他们的艺术带有奇异的东方色彩，语言与地中海地区西部其他语言完全不相似。伊特拉斯坎人善于航海，与希腊、北非等均有广泛的贸易往来，所以无法确定伊特拉斯坎人是从何处迁来定居的。

发现"木乃伊书"

19世纪末期，人们在一具木乃伊的裹布上发现了一篇用伊特拉斯坎文写的文章。这具木乃伊是匈牙利总理公署的一名官员从非洲带回来的一件纪念品，由埃及运往欧洲。这位官员去世后，木乃伊被辗转送到萨格里布博物院。博物院的人员拆开木乃伊时，在内层裹布上发现了这份文献。专家们开始以为裹布上的文字是埃及文。直到1892年，一群德国专家最终确定是伊特拉斯坎文，上面共有216行字。这一截写上文字的裹布被称为"木乃伊书"。专家们经过对这具木乃伊和裹布研究后认为，那具制成木乃伊的女尸不是伊特拉斯坎人。

解读伊特拉斯坎文

1964年，意大利专家帕洛蒂诺教授，在罗马附近派尔基地区伊特拉斯坎神庙进行发掘时，挖得三面金牌。其中的两面上有伊特拉斯坎文铭刻，另一面则有古迦太基文，即腓尼基人的文字铭刻。古迦太基文是语言学家通晓的文字。研究者将古迦太基文和伊特拉斯坎文加以对照比较，可是历时数月，仍没有什么头绪。三面金牌上所刻文字似乎没有可以拿来对照的地方，尽管内容可能有关系。

目前，我们仍无法解开"木乃伊书"之谜。

神秘现象
一夜消失的帝国

在美丽的的的喀喀湖畔，历史古老而悠远的印加文化就在那里诞生。虽然印加帝国坐落在海拔 4 000 米的高原上，但那里水量丰沛、绿茵成片、阳光充足，是发展农业的最佳场所。在这里。印加人用他们的智慧和力量，以最进步的方法建造了瑰丽宏伟的宫殿。日出而作、日落而息、男耕女织……勾画出一幅安宁祥和的画面。印加人信奉太阳神，他们拥有进步的政治制度。而且能够利用完善的法律来约束百姓，不必对他们施以严刑。

灿烂的印加文明

以农业为本的印加帝国，早在公元前 400 年就掌握了集约栽培法，他们栽培玉米的技术是高超而无人能及的。此外，印加人在纺织品的生产技术上，更有巨大的突破，出现了各式各样的织法以及各种形态的精致图案，真可谓巧夺天工。

印加人发掘出的金矿被用来装饰帝国庄严的宫殿建筑，在宫殿的四周均镶嵌着金饰物，灿烂夺目、光彩辉煌，但也许是物极必反的道理，这也同时为印加人带来了灾难。

灾难降临

多拿卡巴克王统治时期，印加达到了无与伦比的盛世。多拿卡巴克王死后，印加帝国被分为两部分，由他的两个儿子瓦斯卡尔和阿塔瓦尔帕来统治。但是 1531 年，兄弟俩反目成仇，并引发了战争，这为自取灭亡种下了祸因。

"他们在太平洋上，乘坐漂浮在水面的大房子，掷出快如闪电、声如雷霆的火团，渐渐靠近了。"正如预言中所描绘的，猫眼、尖鼻、红发、皮肤白皙、蓄着胡须的天使回来了，印加人甚至没有抵抗，便弃城而逃了。

事实上，这一批被印加人误认为神的人，正是西班牙侵略者皮萨罗和他率领的 180 名士兵。

皮萨罗深知唯有擒获印加帝国的皇帝，才能获得更多的金银财宝，于是皮萨罗在与同来的西班牙籍神父商量后，邀请阿塔瓦尔帕这位印加皇帝前来卡萨玛尔卡镇，接受天使的召见，阿塔瓦尔帕带着2 000名壮士，手无寸铁地诚心接受召见，结果却难逃被皮萨罗囚禁的命运。

贪得无厌的皮萨罗囚禁了皇帝并将所有的珍宝集中，为了消除后患，他还残忍地杀害了国王。随后，他又率兵前往印加首都库斯科，企图搜寻更多的宝藏，但令人感到不可思议的是，在库斯科城中，无论是宫殿、神庙都空无一物，连被称为"太阳的尼姑庵"中的百位美女也不知去向，整个库斯科城如死一般沉寂。

帝国在瞬间消失

那么，印加帝国的人们以及财富，为何瞬间就销声匿迹了呢？至今这仍令历史学家们百思不得其解。

然而今天，许多考古学家在安第斯山脉中，陆续发掘到许多印加帝国的遗迹，这证明印加人确实曾经抛弃苦心经营的帝国，而来到蛮荒的山地中再建王国。

在马丘比丘，考古学家丽海姆发现了一个洞穴，两边排着雕凿极工整的石块，这可能是一座陵墓，陵墓上是一座半圆形的建筑物，外墙顺着岩石的天然走势建造。令人惊奇的是，契合的巨石连一张纸都插不进去，墙是用纹理精细的纯白花岗岩堆砌而成的，匠心独具，具有很高的艺术价值。在山上墓穴中的骨骸，女性占绝大多数，人们猜测这也许就是当年太阳神庙中的那些女子在继续为印加帝国祈祷呢！由于印加子民没有留下任何文字记载，使得遗留下来的问题更具神秘色彩。

带着印加帝国的种种谜团，我们可以大胆地设想一下：西班牙人入侵印加帝国时，另一位国王瓦斯卡尔率领着数以百万的印加人深入蛮荒的安第斯山中，以无比坚毅的信念与勇气，在整座山上建筑自己的藏身之所，于是便有了一座座宏伟的建筑物在隐秘的丛林中再现。可是正当他们养精蓄锐、打算再振当年印加帝国的雄风时，一场大瘟疫突然袭来，残存的印加人无力重回故地，只得继续逗留在丛林中，埋葬死者，消灭遗迹。为了避免再度引起纷争，他们销毁了高度的文明，企图掩饰当年印加帝国的强盛……然而，想象终归是想象，它永远代替不了现实。关于印加帝国之谜的大揭秘，还需要研究者们进一步努力。

神秘现象
神奇的"挪亚方舟"

《圣经》的"创世纪"中有这样一段传说。这个传说记载了洪水灾难和人类祖先挪亚的传奇经历。

上帝的愤怒

人类始祖亚当和夏娃违反天规,被逐出伊甸园后,来到了地面,经过一代又一代的繁衍,人类遍布大地,但罪恶、嫉妒、战争、杀戮也充斥人间。上帝终于被激怒了:"我要将所造之人和兽、飞鸟、昆虫从地上除灭,因为他们太让我失望了,我后悔当初创造了他们。"

当时,唯有一个叫挪亚的人,他心地善良,为人正直,特别受恩宠于上帝,所以上帝告诉他说:"在这块土地上,人们的行为太恶劣了,我决心毁掉所有的人。不过只有你心地和善,我决定救助你和你的家人。我要使洪水泛滥,毁灭天下。所以你要用木头造一艘大船,把你的家族成员,还有所有的动物取出雌雄7对,都放到方舟上去,一切准备妥当之后,我就让雨不停地下40个昼夜,毁掉地上所有的生物,以冲洗他们所犯下的罪恶。"

于是,挪亚按照上帝的吩咐用木头造成了方舟。方舟长360米,宽23米,高13.6米,分为3层,有1.5万吨那么重。方舟完工之后,挪亚一家和雌雄7对动物都转移到了方舟上。

瞬间,乌云密布,电闪雷鸣,风雨大作,灾难终于降临了。大渊的源泉裂开了,天上的窗户也敞开了,上帝一连降了40个昼夜的暴雨,完成了他可怕的惩罚。罪恶消失了,生命也毁灭了。大地茫茫一片,只有方舟漂泊在汪洋之上。

《圣经》中记载,150天后,水势渐退,挪亚方舟搁浅在亚拉腊山巅(今土耳其东部)。又过了40天,挪亚放出鸽子,鸽子叼回一片橄榄叶,带回了洪水已退的好消息。于是挪亚带着一切活物走出了方舟,回到地面,重建家园。上帝告诫他说:"你们要生育繁殖,遍布大地,切不可作恶,凡流人血的,他的血也必被人所流……"

记载挪亚方舟的书

这就是挪亚方舟的故事。它距今已有 6 000 年左右的历史了,这则传说不仅在《旧约全书》里有清楚的记载,就连在被称为世界最古老的图书馆——古代亚述首都尼尼微的文库中发掘出来的泥板文书上,也有着类似的洪水故事的记载。今天,知道挪亚方舟故事的人——基督徒、犹太教徒和穆斯林……已达 15 亿之多。然而,传说终归是传说。

亚拉腊山提供的证据

但是近年来发生了许多奇怪的事情,似乎传说中的方舟真在现实中存在着。

1916 年,俄国飞行员拉特米飞越亚拉腊山时,偶然发现山头上有一团青蓝色的东西,他十分好奇,便飞了回去想看个究竟。然而令他惊讶的是,面前竟是一艘房子般大小的船,一侧还有门,其中一扇已毁坏了。他很快就把这个惊人的发现报告给了沙皇尼古拉二世。当时沙皇曾命令一支探险队搜查,但是由于十月革命的爆发,这项计划没能得到实施。

其实,拉特米并不是第一个发现挪亚方舟的人。早在 17 世纪,荷兰人托依斯就写过一本《我找到挪亚方舟》的书,并附有方舟的插图。1800 年美国人胡威斯和于逊,及 1892 年耶路撒冷代主教和当地土耳其牧人都说他们看到了"方舟"。

亚拉腊山位于土耳其东端,靠近伊朗国境,是座海拔 5 065 米的死火山,山顶自古就被冰川覆盖着。传说挪亚方舟就存留在这座山顶上,不过,住在这个地方的阿尔明尼亚人把这座山尊崇为神圣的山,相信人若登上山顶会被上帝惩罚。所以长期以来,谁也没有攀登过它。所以,方舟存在与否最终还是个未解之谜。

1792 年,一个叫弗利德里希·帕罗德的爱沙尼亚登山家,初次在亚拉腊山登顶成功。随后,在 1850 年,盖尔奇科上校率领的土耳其测量队也登上了顶峰。1876 年,英国贵族詹姆斯·伯拉伊斯在圣山约 4 500 米的岩石地带,拾到了木片,随后便发布了他找到"方舟"残迹的消息。

第二次世界大战后,一位土耳其飞行员拍摄到了一张"方舟"照片。从此,"方舟"不再是人们口头的传闻,而是有了照片的实物。

更令人吃惊的是：照片放大处理后，竟测出船身为150米长，50米宽，这几乎和传说中的方舟一模一样。

1949年，美国的阿仑·史密斯博士以探寻挪亚方舟为目标，组织了亚拉腊山远征队，遗憾的是未能达到目的。1952年，法国的极地探险家琼·多·利克又组织了探险队，他们成功地登上了亚拉腊山顶，然而关于挪亚方舟的探索则是一无所获。

可是，当时一个叫琼·费尔南·纳瓦拉的队员却在思考："在亚拉腊山的什么地方，一定有挪亚方舟的残骸，我决不能放弃，也许胜利就在下一步。"费尔南决心已定，在1953年的第二次探察时，他详细地研究了认为可能残留有挪亚方舟痕迹的地方。1955年7月，费尔南带上11岁的小儿子拉法埃尔，试图第三次登上亚拉腊山峰顶。

也许是他执着的念头感动了上天，他们终于发现了挪亚方舟的残片，他们从冰川中挖出了残片的一部分并带回了一块木板。这块古木板后来被寄送到西班牙、法国、埃及等国大学和研究所，进行了科学检测。其结果证明，这是一块经过特殊防腐涂料处理的木板。经C14测定，它至少有4 484年的历史，正是传说中"挪亚方舟"建造的年代。人们惊呆了，又有照片，又有实物，费尔南坚信自己发现的就是"挪亚方舟"。后来，费尔南根据这些探察结果，写了一本名为《我发现了挪亚方舟》的书，于1956年出版。他还周游世界各地举行报告会，并引起了科学界的强烈反响。

质疑之声

但也有人提出了质疑：即使发生特大洪水，地球水位也不会升到5 000米的高度，方舟何以能在亚拉腊山巅出现？难道是地壳的变动？美国人卡佐和斯各特不同意费尔南的观点，他们认为：

首先，就算挪亚时期发生过大洪水，5 000年前被几千米深的大水蹂躏过的地球表面，今天会成什么样子呢？就连最高的山也会显出流水侵蚀的痕迹。但实际上并非如此。此外，1.2万年前冰封的地区按理说也该有被水改变过的迹象，可它们依然如故。不管海拔多少，那些外露的冰川断层仍保持原始的状态。

其次，从科学观点来看，历史上有人见过挪亚方舟的说法是毫无说服力的。如果方舟在5 000年前一直在亚拉腊山的山顶附近，那它很有可能早就被冰川运动转移到了较低的高地。从某种程度上说，方舟早已支离破碎，木头撒遍亚拉腊山较低的山坡了。而据我们所知，

世界神秘现象

从来也没有人找到过这样大块的木头，更不用说方舟的残骸了。

再次，人们所提供的"方舟"照片看起来都是模糊不清的，人们需要丰富的想象力，才能从点缀山峰及其附近斜坡上的许多形状相似的天然轮廓中辨认出矩形方舟。说到费尔南找到的"方舟"木头，从3个不同实验室得到的若干研究证据表明，这块木头介于1250年—1700年，年代太近，因而不符合"方舟说"。

最后，我们可以设想一下，5 000年前在美索不达米亚地区发生了一场大洪水，挪亚家族预见到当地的江河有泛滥的征兆。于是他们造了一艘船，贮藏了足够的物资，出于对自然的敬仰和畏惧，还给牲畜和各种动物留出了舱位。那场洪水使生命财产损失浩大。数天之后，那艘船搁浅在某一高地或丘陵上。随着时间的流逝，这件大事的传说就作为家喻户晓的挪亚方舟的故事流传了下来。

卡佐和斯各特的看法也有一定的科学性。

美国人的考察

但是最令人震惊的消息还是近几年发生的一件事。美国学者戴维在亚拉腊山以南的乌兹恩吉利村附近的穆萨山顶上发现了一艘大船，这个村庄与史书上说的尼塞村位于同一地点。该船船头呈洋葱状，船身长164米，长度基本上和《圣经》上记载的挪亚方舟相符。

1989年9月15日，两名美国人乘直升机飞越亚拉腊山西南麓上空时，发现了挪亚方舟，并拍摄了照片。驾驶员查克·阿伦说，在亚拉腊山的一处通常由冰川覆盖的、海拔4 400米的地方发现了一个方舟形物体，而那个地方的冰川今年夏天因该地区温度太高而消融了。阿伦说："我百分之百确信，这就是方舟。"

于是，他和同伴计划再次攀登这个地段，届时将派出一个由地质学家和考古学家共20人组成的考察队。

目前，至少有3支美国小队在搜寻这艘挪亚方舟，他们都把重点放在亚拉腊山的西南麓。科学界对此众说纷纭，土耳其的一些地质学家们甚至说，那只是一块经过数千年风化侵蚀而形成的顽石而已。

不管怎样，寻找挪亚方舟的大戏已经拉开了帷幕，《圣经》中的挪亚方舟是否真有其事，我们拭目以待。

神秘现象
维纳斯之谜

在古代希腊神话中流传着许多美丽动人的传说,其中有一个就是属于爱情女神维纳斯的。维纳斯美艳无比又非常浪漫,她掌管动植物的繁衍及人间爱情等职务。西方雕像艺术把她作为女性美的形象楷模。

起初维纳斯不是断臂的,而且也并非全裸,在西方人心目中她也不是美的化身。那么,为什么我们现在看到的维纳斯会断了手臂呢?她又是如何一步步征服西方人的内心,成为他们心目中完美女性的象征呢?

雕像逐渐走向成熟

考古学家经过多年的考察与研究,终于解开了这一谜团,那是一个充满浪漫与传奇色彩的故事。大约在公元前5世纪初,维纳斯海中诞生的情景才进入雕像艺术的世界,但是当时的古希腊只存在男性裸体艺术,并且人们将它视为艺术美的象征,而裸体女性的艺术形象还没有出现。所以雕像中的女神虽然身材非常曼妙,但古希腊人还是给她穿上了薄薄的衣衫。

一直到了公元前5世纪末,《女祖先维纳斯》雕像的出现,才开启了艺术维纳斯裸露的时代。雕像中的女神似乎是在不经意间让肩头的衣服滑落,裸露出了一只乳房,那温柔的眼神和柔软的衣物相互衬托,将一个古希腊女子活灵活现地展现出来。虽然这个女神体格矮小、胯骨高、乳房小、腰和脚踝比较粗,完全是一个

世界神秘现象

地中海沿岸农村的壮硕妇女形象，但她毕竟是第一位赤身裸体走向古希腊人的女神，这就足够让当时的人们震惊不已了。

在西方艺术界，虽然已经出现了女性裸体艺术，但涉足这个领域的艺术大师们毕竟还是少数。这种情形一直到了普拉克希特时期，才有所改变。使他流芳百世的是《尼多斯的维纳斯》，这是一尊全身赤裸的、充满喜悦表情、目光温柔的美丽女神。当时的尼多斯人非常喜欢它，并且小心翼翼地把它放到爱神的庙堂上膜拜。

坎坷的旅程

不过，在美术史上，曾经出现过这样一个问题，它长期困扰着雕塑家们：这个有着完美造型的雕像，却只能由逐渐变细的长腿来支撑，可不可以找到一种更为稳妥的方式来弥补这种不足呢？

普拉克希特成功地解决了这一问题：他将衣饰裹在双腿上，只是让雕像的上身裸露，这样，不需要任何支撑，双臂就可以自由自在地摆出各种姿势了，《卡普亚的维纳斯》就体现了这种雕像的风格。公元前4世纪，伴随着女性裸体雕像的大放异彩，男性雕像也就逐渐黯然失色了，公元前2世纪末期，《米洛的维纳斯》诞生，它被称为古希腊时代最后一件伟大的作品。这件作品穿越时空，成为全世界人民共同追求的女性理想美的象征。之后，随着基督教统治时期的到来，裸体艺术也渐渐消失了。

直到文艺复兴时代来临，裸体艺术才重新展现了魅力，维纳斯也逐渐从神圣的殿堂走向世俗，走向自然，成为传达人体美的绝佳对象，比如乔尔乔涅的名画《入睡的维纳斯》、提香的名画《乌尔比诺维纳斯》等，而最著名的则是那幅《维纳斯诞生》。

《维纳斯诞生》

《维纳斯诞生》似乎可以作为体现这样一种"时代感"的例子：

裸体的维纳斯像一粒珍珠一样,从贝壳中站起,升上了海面,她的体态是那么的娇柔无力。画面左上端的风神把春风吹向维纳斯,而春神弗罗娜则站在岸上迎接着她。波提切利以擅长画玫瑰而闻名于世,在这幅画上,他果然也画了许多玫瑰。这些玫瑰在轻风的吹送中,绕着维纳斯窈窕而柔和的身姿飘舞。画面中维纳斯的脸上挂着淡淡的哀愁,胸中似乎含有不可言传的、近乎理想的爱。在这里,人们似乎感觉到,诞生所带来的并不是欢乐,反而有点悲剧味道。画的背景是一片伸展无边的海水、肥沃的土地和茂密的树林,维纳斯的步子轻灵而飘逸,好像处于有推动力的旋律之中。

此外,这个维纳斯的姿态,很明显是参照古典雕像的样式来描绘的,只不过把两只手换了个位置。但波提切利笔下的维纳斯有着极其独特的风韵,这个被认为是美术史上最优雅的裸体,绝不是那种华丽丰艳、生命力过剩的妇女,在她面容上带有一种无邪的稚气。到了19世纪,法国女性人体艺术大师安哥尔又创造了不朽之作《海中升起的维纳斯》。至此,维纳斯逐渐成为西方人心目中美和理性的典范。

通过维纳斯的演变过程,人们仿佛看到一幅生动的西方社会历史画卷,在这里,我们看到的是人类对美的永恒追求。

维纳斯断臂之谜

那么,维纳斯断臂又是怎么一回事呢?

人们在19世纪法国舰长杜蒙·居维尔的回忆录中找到了答案。

希腊米洛的农民伊奥尔科斯于1820年春天挖掘出一尊维纳斯雕像。出土的维纳斯右臂下垂,手抚衣襟,左臂伸过头,握着一只苹果。当时法国驻米洛领事路易斯·布勒斯特得知此事后,迅速赶往伊奥尔科斯住处,表示要出高价收买此塑像,并获得了伊奥尔科斯的应允。但是当他们带着巨款赶往米洛准备购买女神像时,才发现农民伊奥尔科斯已将神像卖给了一位希腊商人,并且装船运走了。法国当即决定以武力劫夺。英国得到这个消息后,也派舰艇前来争夺,双方就此展开了一场激烈的战斗,混战中雕塑的双臂不幸被砸断。从此,维纳斯就成了一位断臂女神。

但是,人们没有想到断臂的维纳斯同样展现出非凡的魅力。正是从她身上,人们才体会出残缺的美。

神秘现象
巨石阵之谜

在浩如烟海的史料中，记载了无数的未解之谜，巨石阵之谜就是其中之一。巨石阵中的每根巨石都高达数米，有数十吨重，且都排列有序。这些巨石阵的形成原因引发了人们的无数猜想。

英格兰巨石阵

在这些巨石阵中最为著名的就是位于英格兰南部什鲁斯伯里的巨石阵遗址。这些奇特的巨石建筑，在风雨中默默地度过了几千年，注视着人间的沧桑。巨石阵的发现引起了来自世界各地的旅游观光者及众多为之困惑的考古学家、历史学家、建筑学家和天文学家的关注。

什鲁斯伯里巨石阵的主体是由一根根巨大的石柱排列成的几个完整的同心圆。在它的外围是直径约 90 米的环形土岗和沟。紧靠土岗的内侧有 56 个等距离的坑，这些坑又构成一个圆，坑用灰土填满，里面还夹杂着人类的骨灰。这些坑是在 17 世纪被发现的，因为发现者是一个名叫约翰·奥布里的人，因此现在通常称之为"奥布里坑群"。

坑群内圈竖着两排蓝沙岩石柱，现已残缺不全，有的只残留了一些痕迹。巨石阵最壮观的部分是石阵中心的沙岩圈。它是由 30 根石柱上面架着横梁，彼此之间用榫头相连形成的一个封闭的圆圈。巨石阵中每根石柱高 4 米，宽 2 米，重达 25 吨。岩圈的内部是 5 组沙岩石塔，排列成马蹄形，也称为拱门，有 2 根巨大的石柱，每根重达 50 吨，另一根约 10 吨重的横梁嵌合在石柱顶上。

这个巨石排列成的马蹄形位于整个巨石阵的中心线上，马蹄形的开口正对着仲夏日出的方向。巨石阵的东北侧有一条通道，在通道的中轴线上竖立着一块完整的沙岩巨石。这块巨石高 4.9 米，重约 35 吨，被称为踵石。每年冬至和夏至日出时从巨石阵的中心远望踵石，太阳就会隐没在踵石的背后，更增添了巨石阵的神秘色彩。

法国卡纳克石阵

位于法国布列塔尼半岛、濒临大西洋的城镇卡纳克，是一个充满神秘色彩的地方。在这里除了有巨石砌成的古墓，最吸引人的便是郊外那一片片整齐排列的石阵了。

18 世纪 20 年代人们发现了卡纳克石阵，并对此产生了浓厚的兴趣。这片石阵，据说曾有 10 000 根石柱，而如今只剩下 2 471 根。这片石阵被农田分为 36 片，以 12 根为一排向东延伸。石柱露出地面的部分最高可达 4.2 米。在它旁边不远处就是莱芒尼石阵，距城北 1.5 千米，从这里再向北，便是卡尔马里石阵，它比莱芒尼石阵要小，而与相邻的凯尔斯堪石阵相比就更小了。

巨石阵的建造者

根据科学家的实地考证，巨石阵最早建于新石器时代后期，约公元前 2800 年，那时已建成了巨石阵的雏形——圆沟、土岗、巨大的踵石和"奥布里坑群"；约公元前 2000 年进入了巨石阵建筑的第二阶段，整个巨石阵基本形成。这个阶段的主要建筑是蓝沙岩石柱群和长长的通道；而到了约公元前 1500 年时。巨石阵的第三期建筑也开始了，这一期建筑是最为重要的，这时建成了沙石圈和拱门，巨石阵已全部完工，这就是人们现在所看到的雄伟壮丽的巨石阵遗址的全貌。

巨石阵的建成比埃及最古老的金字塔还要早 700 年，那么究竟是谁建造了这么雄伟的巨石阵呢？现在仍然众说纷纭。有人认为是当地早期居民凯尔特人所建造的墓穴；也有人认为是古罗马人为天神西拉建造的圣殿；还有人认为是丹麦人建造的用来进行典礼的地方；也有人认为巨石阵与金字塔出自同一位巨匠之手。学者们甚至还使用了当前最先进的仪器设备来考察巨石阵的奥秘，奇怪的是，他们竟然发现巨石阵能够发出超声波。这又是怎么回事呢？

学者们的考察研究又陷入了另一个谜团。无奈，他们只能相信巨石阵的建筑者是地球外的生物——外星人。

巨石阵真是外星人建造的吗？没有任何证据可以证实这一猜想。

巨石阵的用途

有的学者认为巨石阵是远古时代的天文观测仪器。早在 200 年前，就有人注意到巨石阵的主轴线指向夏至时日出的方位，而冬至的落日方位又在东西拱门的连线上。

　　1965年，波士顿大学的天文学家霍金斯通过计算机测定，得出结论：巨石阵的排列可能与太阳和月亮在天空中运行的位置有关，而56个"奥布里坑群"则能准确地预报日食、月食。此外，他还推断祭司们是通过转动坑群标记来跟踪日月运行进行推算的。

　　这种观点一经问世，立刻轰动一时，得到了许多人的支持，但是巨石阵究竟是否真的是天文观测仪器还存有争议。巨石文化专家柯特金指出：当时的社会状态蒙昧落后，条件简陋，史前人类是不可能建造出如此精密的天文仪器的。英国的天文学家霍伊尔也提出了异议：史前人类为何要选择难以开采的大沙岩呢？这样不是要耗费大量的劳力吗？而且奥布里坑群中的人类遗骨也很难与天文学联系起来。

　　这样，人们又再次回到了宗教这个传统观点上来。

　　另外，还有的学者认为巨石阵可能是原始人狩猎的特殊装置。

　　一些专家认为，巨石阵是猎取大型野兽的机关。他们为了猎取较大的野兽，而又不使自己受到伤害，于是就想出了这种办法。专家们认为，巨石阵很可能是一种狩猎、生活多种用途的设施。

　　当然，这种狩猎设施并非守株待兔式地等待野兽来临，人们一般是在其中放置一些引诱物，如利用野兽幼崽的叫声做诱饵，兽群在听到幼崽的叫唤声后，会立即包围巨石阵，并不顾一切地拼命冲入阵内。这时，巨石阵里的石头会立即砸下来，将野兽砸死。如果野兽未被砸死，石上的猎人则投掷石块，把被困的野兽置于死地。

　　击中野兽后，阵内的人就会把猎物进行加工——剥皮、取出内脏、把肉分成小块，兽皮和肉等有用的东西晾干、贮藏起来，而其他无用之物则扔到阵内继续作为诱饵，引诱其他野兽再次进入圈套之中。

　　但是更多的学者并不赞成这一说法，他们认为巨石阵纯粹就是古人祭礼的宗教场所。更有学者干脆把巨石阵视为一种文化，一种古人对巨石的崇仰与尊重。

　　几百年来，人们陷入了对巨石阵的不断探索之中。但还是无法得出一个权威的判断，为此考古学家们仍然坚持不懈地进行着研究。

神秘现象
最具悬念的玛雅文明

在古老的世界文明史上，有着无数璀璨的明星，而玛雅文化便是其中非常耀眼的一颗。

当我们面对着玛雅遗址那异常灿烂的古代文明时，不禁会问：这一切来自何处？史学界的材料表明，在这些灿烂文明诞生以前，玛雅人巢居树穴，以渔猎为生，其生活方式近乎原始。有人甚至怀疑玛雅人就是美洲土著人。但是，没有证据表明南美丛林中这奇迹般的文明存在着一种渐变，或称为过渡阶段的迹象，经历过一个由低到高的发展过程。难道玛雅人的一切是从天而降的吗？

答案似乎是肯定的，因为在地面考古中没有发现任何文明前期过渡形态的痕迹，在此之前的神话传说，也没有任何线索。所以说神奇的玛雅文明仿佛是一夜之间产生，又在一夜之间轰轰烈烈地销声匿迹了。

究竟是什么力量，能在石器时代创建出傲世的文化，又是遭遇了何种苦难，才使它消失在中美洲的热带雨林里，这种种的疑问使人们困惑不解。

玛雅人居住的区域包括了中美洲的心脏地带，它横跨危地马拉、伯利兹、墨西哥、洪都拉斯和萨尔瓦多部分地区，分别以两个互相隔离的区域——齐阿巴斯和危地马拉高原的南部高地为中心。1983年，一位英国画家在洪都拉斯的丛林中发现了一座城堡的废墟。坍塌的神庙上那一块块巨大的基石，刻满了精美的雕饰；石板铺成的马路，说明它曾经是个车水马龙、川流不息的闹市；路边砌着排水管，又标志着它曾经是个具有一定文明的都市；石砌的民宅与贵族的宫殿尽管大都已倒塌，但当年喧哗而欢乐的景象仿佛仍依稀可见。

玛雅人的金字塔

这种荒蛮的自然景象与异常雄伟的人工遗迹的巧妙融合，形成了神奇的效果，吸引了无数人的目光。20世纪以来，一批又一批考古人

员来到洪都拉斯，后来他们又把寻幽探胜的足迹延伸到危地马拉、墨西哥、秘鲁以及整个南美大陆。于是无数的奇闻轶事纷至沓来。

其中，最典型的就是墨西哥丛林中的 9 座金字塔。在这些金字塔中存放着精致的凹凸镜、蓄电池、变压器、太阳系模型的碎片。塔内还有一种空间形态能，可以使刀刃锋利起来，使有机物发生脱水反应。1927 年，美国探险家马萨斯在一处墓葬的陪葬品中发现了一具水晶骷髅，它发出耀眼的七色异彩，而且具有麻醉和催眠作用。然而，水晶的高级制作技术是 1947 年才开始使用的。因此，人们判断这些贮藏物可能不是地球人的杰作。

然而，金字塔出自玛雅人之手已经确定无疑了。为了建造这 9 座金字塔，玛雅人跋涉于太平洋和哥第拉之间，把所需的石料运往墨西哥的丛林中，但是在通往金字塔的途中却没有任何道路、建筑和车轮的遗迹，他们是使用什么工具把那些石料和其他物品运过去的呢？人们猜测可能是外星飞船承担了这一运载任务。

玛雅人创造的奇迹

据统计，各国考察人员在南美洲的丛林和荒原上，共发现废弃的古代城市遗址达一百七十多处。它们向世人展示了一幅玛雅人在公元前 11 世纪到公元 8 世纪时，北达墨西哥南部的尤卡坦半岛，南达危地马拉、洪都拉斯，直抵秘鲁的安第斯山脉广阔的活动版图。这也表明了玛雅人在 3 000 年前，就已经开始在这块土地上生活了。

然而进一步的研究并没有使人解开美洲人建造金字塔之谜，反而让人们更加迷惑不解。玛雅人拥有不可思议的天文知识，他们的数学水平也比欧洲足足先进了 10 个世纪，一个以农耕为唯一生活来源的社会，居然能有先进的天文与数学知识，这又成为一个令人费解的疑团，吸引着考古学家们前来发掘和探索。

神秘现象
复活节岛的石像来自何方

在茫茫的南太平洋水域里，有一座孤独的小岛。岛上的人现在仍过着落后的原始生活，可是岛上却存在着代表高度文明的巨石雕像。很明显，这些巨大的雕像不是当地人雕刻的。那是什么人雕刻了这些头像呢？雕刻它们的目的又是什么呢？这样一座小岛给我们留下了一连串的不解之谜。这座神秘小岛的名字叫复活节岛。

复活节岛地处智利境内，坐落在茫茫无际的南太平洋水域，距智利海岸大约3 700千米，当地人叫它"拉帕努伊岛"，意思是"世界的中心"或"地球的肚脐"。它是世界上最神秘和最孤独的地方之一。

人们发现这个海岛上存在着两种"居民"：一种是显然处于原始状态的实实在在的波利尼西亚人，另一种却是代表着高度文明的巨石雕像。现在岛上的波利尼西亚人既没有雕刻这些巨大石像的艺术造诣，又没有海上航行数千千米的航海知识，那么究竟是什么人雕刻了这些石像？他们为什么要这样做？这样做的目的又是什么？这一切使这个海岛笼罩上了一层神秘的色彩，也正因为如此，复活节岛在太平洋上的许多岛屿中变得与众不同。

复活节岛被发现的历史并不长。1722年，是荷兰人首先登上此岛并为此岛命名的，恰逢那天是复活节，于是这座远离世界文明的孤岛便有了一个响亮的名字——复活节岛。

之后的几十年里，西班牙及欧洲各国的探险家们先后多次登上此岛。这些被当地居民称为"莫阿尹"的石像，有着非常明显的特征：形态各异的长脸，略微向上翘起的鼻子，向前突出的薄嘴唇，略向后倾的宽额，垂落腮部的大耳朵，刻有飞鸟鸣禽的躯干以及垂立在两边的手，这些奇特的造型赋予了石雕以独特的风采。另外，有些石像头上还戴有圆柱形的红帽子，当地人称其为"普卡奥"，远远望去，红帽子就像一顶红色的王冠，使石像显得更加尊贵和高傲。

石像从何而来

令世人赞叹不已的石像已经成为这个天涯孤岛的象征。但在惊叹之余，人们不禁要问，石像代表什么呢？复活节岛的土著人为什么要用简陋的工具去雕刻它们？

二三百年来，上述问题一直困惑着世界各国的人类学家、民俗学家、民族志学家、地质学家和考古学家，使得他们纷纷踏上小岛，试图去揭开这神秘的面纱。

但令他们更加惊奇的是：复活节岛上的居民并不知道这些石像的来历，他们之中并没有人亲身参加过石像的雕凿。这说明他们对这些石像的概念和我们一样一无所知。

复活节岛上的巨石人像正是被这些访客一次次不断地写入游记、见闻、回忆录和日记里，才变得更加神秘起来。

这些石雕人像一个个脸形狭长、神情呆滞。造型的一致，表明它的制作者是依照统一的蓝本进行加工的。而石像造型所表现出来的奇特风格，为别处所未见，从而说明它是未受外来文化影响的本岛作品。可是，有些学者指出它们的造型与远在墨西哥蒂纳科瓦的玛雅——印第安文化遗址上的石雕人像有着许多惊人的相似之处。难道是古代墨西哥文化影响过它？可是墨西哥远离复活节岛数千千米，而且这批石雕人像小的重约2.5吨，大的超过50吨，有的石像上还戴着石帽。它们究竟是如何被制作者从采石场上凿取出来，如何加工制作，又采用什么方法将它们运往远处，使之牢牢地耸立起来的呢？况且前几个世纪岛上居民还未使用铁器。总之这一切都是那么令人不可思议。

神秘的采石场

另外，人们又将面对一个相当神秘的问题——究竟谁是岛上巨石人像的制作者？这也是人们最想揭开的谜底。

人们逐一统计了岛上的巨石人像，共有六百余尊。除了调查这些巨石人像的分布，人们还在拉诺拉库山脉发现了几处采石场。采石场上坚硬的岩石，像切蛋糕似的被人随意切割，几十万立方米的岩石被采凿出来。到处是乱石碎砾，加工好的巨石人像被运往远方安放，采石场上仍躺着数以百计未被加工的石料，以及加工了一半的石像。有一尊石像最奇妙，它的脸部已雕凿完成，后脑部还和山体相连。其实再需几刀，这件成品就可与山体分离，然而，它的制作者却匆匆离去，好像他忽然发现了什么意外情况似的。

小岛到底发生了什么？地质学家告诉我们，复活节岛虽然是座火山岛，但它是座死火山，在人类来到岛上居住以前，它的情况一向是稳定的。或许是狂风海啸等灾害造成工地停工，但是，岛上居民理应对海岛常见的这种自然灾害见惯不惊，大可不必惊慌失措。况且灾害过后随时可以复工，但他们却没有这样做。

这是为什么呢？雕刻这些巨石人像的原因，已经是个谜了，而采石场又突然停工，这又成了谜中之谜。

巨石像搬运之谜

许多学者研究了分布在小岛各处的那600余尊石像，以及几处采石场的规模等情况后，认为这些工作量需要5 000个身强力壮的劳动力才能完成。他们做过一项试验，雕刻一尊不大不小的石人像，需要十几个工人花一年的时间。利用滚木滑动装置似乎是岛民解决运输问题的唯一途径，同时，这种原始的搬运办法的确可以将这些庞然大物搬运到小岛的任何角落。但是，这无疑会增加很多劳动力。这暂且不说，令人困惑之处还在于，在专家雅各布·罗格文初到复活节岛时，他说岛上几乎没有树木。这就否定了利用滚木装置运送巨石人像的推测。

那么新的问题产生了，这些石像是怎么被搬运的呢？

还有，岛上这些石人像还有不少头戴石帽的。一顶石帽，小的也有两吨，大的重约十几吨。这又给我们带来一个问题，要把这些石帽戴到巨石人像的头上，又需要有最起码的起重设备。岛上树木不生，连滚木滑动这种最原始的搬运设备都没有，吊装装置就更不可能存在了。

而那5 000个强壮的劳动力怎样生活呢？在那个遥远的时代，小岛上仅生活着几百名土著人，他们过着风餐露宿、近乎原始的生活，根本没有能力提供养活5 000个强壮劳力的粮食。

望着遍岛存在的斑斑疑痕，面对种种不解的疑团，人们仍在努力揭开它神秘的面纱，想要了解得更多，而不仅仅是感受它神秘的魅力和宏大的气势。

世界神秘现象

神秘现象
庞贝古城失踪之谜

在意大利的古籍中，曾记载着昔日异常繁华的庞贝古城。可是，后来它连同附近的赫库尔兰努姆城及周围的村庄一起都神秘地消失了。庞贝古城哪里去了？这也成了一个千古之谜。

一千六百多年后，那不勒斯东南部的农民为了引水，在打井修渠的过程中，挖出了一些大理石圆柱和雕像，这又引起人们对已经被淡忘了的庞贝古城之谜的回忆。被掩埋在地下的会不会是庞贝古城？1738年，大规模的发掘工作开始了，人们从发现大理石雕像的那口井开始挖下去，没想到，这口井正对着一个圆形大剧场，经过不断发掘，一座古城终于重见天日了。这个古城便是赫库尔兰努姆。人们从中受到鼓舞，回忆起前些年在另一个地方修水渠时，也发现过一些罗马钱币及大理石碎片，还发现过刻有"庞贝"字样的石碑，那里很可能就是庞贝古城了。

庞贝城遗址

在1748年，人们又开始了挖掘。经过200多年的不断挖掘，一座被4.8千米长的城墙包围着的庞贝古城终于展现在人们的眼前：在宽阔的石板街道上印着两道深深的车痕，街道两旁是一座座商店和居民住宅，而且都保存完好，门上还刻着主人的名字。

那么，这座繁华的古城，怎么会突然消失呢？科学家们最终揭开了这个谜底。通过考证，他们发现毁灭庞贝古城的罪魁祸首是维苏威火山。公元79年9月的一天，维苏威火山爆发了。浓烟遮天蔽日，火山灰纷纷扬扬，大大小小的石块从空中倾泻而下，接着下起倾盆大雨，山洪夹带着大量的火山灰及沙石、泥土滚滚而来，庞贝、赫库尔兰努姆及周围大片村庄就这样被掩埋了。

神秘现象
楼兰古城失踪之谜

楼兰是我国汉代西域的36个附属国之一,人口有1.4万多,出使西域的张骞就曾到过楼兰。当时的楼兰植被繁茂、土地肥沃,是丝绸之路上重要的城市。历史记载,汉武帝曾派兵攻打过楼兰,并最终使楼兰归属于汉朝。

奇怪的是,楼兰古城繁荣了几个世纪后,突然消失了。没人知道是什么原因,就连史书中也没有这方面的记载。

楼兰古城遗址

1901年,瑞典探险家斯文赫汀率领考察队找到了楼兰古城的遗址,地址是新疆罗布泊地区。在那里,他们发现了用木材建造的古房屋,房屋的墙壁是用柳条编制成的,上面涂有黏土。他们还在挖掘中找到了一座庙宇的遗址,里面有一尊大约一米高的佛像……

在这次考古行动中,他们收集到了许多精美的雕饰、丝绸织品、钱币、器皿等,另外还有大量的木简、文书。

1979年,我国考古工作者在楼兰遗址进行考古发掘时,又发现了数十座古墓。在其中的一座墓穴中,找到了一具披着金发的少女古尸,她身材娇小,身上还裹着丝绸,"楼兰古尸"的发现立刻轰动了全世界。

那么,究竟楼兰古城为什么会成为废墟呢?有人认为是由于泥沙淤积,导致塔里木河改道;有人认为是商人不再从这里经过了,它便慢慢衰落下来;还有人认为是由于气候变化,风沙日益增大,把楼兰逐渐埋在了地下……

现在,楼兰失踪之谜究竟是什么已不再重要,重要的是楼兰所给予人们的无限遐想。它使人们在日益紧张忙碌的生活中,可以找到一个心灵的憩息之所,让人们紧张的神经和疲惫的双眼,在古道、西风和沙漠、夕阳中,得到片刻的放松,在苍凉宽阔的天地中找回失去的自我。这也许才是人们了解楼兰的真正目的。

世界神秘现象

神秘现象

"幽灵潜艇"来自何方

"幽灵潜艇"首次出现在人们的视线中,是在第二次世界大战的后期。当时日本联合舰队和美国航空母舰都曾数次被它跟踪过。此后,在太平洋战争中,它再次出现,但这次它只对落水的水兵进行了救援,并未参与战争。由于这艘潜艇的速度和反应极快,因此,美国海军称之为"幽灵潜艇"。

第二次世界大战结束后,美国海军和苏联海军都派出大量潜艇在太平洋、大西洋进行仔细搜索。可惜搜寻了一年,还是毫无结果。美苏两国海军却因此损失惨重,他们分别有两艘与三艘先进的潜艇在搜寻中失踪。

到了20世纪60年代末,"幽灵潜艇"又频频出现在太平洋和大西洋的广大水域,跟踪美苏舰队。

这样,美苏双方便都开始怀疑是对方的侦察潜艇在作怪,但是双方对潜艇如此敏捷的速度,都感到咂舌和不服气。因此,人们常说20世纪六七十年代,"幽灵潜艇"对美苏两国在海军潜艇上的研制与扩充起了很大的作用。

1990年,"幽灵潜艇"又出现了。这次它居然大摇大摆地出现在瑞典和"北约"海军举行的一次海上军事联合演习中。它这一挑衅行为,立刻引来了一场大围剿,但最终却是以"北约"海军的败北而收场。

对"幽灵潜艇"的种种猜测

鉴于"幽灵潜艇"种种超乎寻常的现象,"北约"军事研究人员提出这样一个假设:"幽灵潜艇"会不会是外星人派到地球的不速之客呢?

人们通常所看见的"幽灵潜艇"同美国核动力潜艇外貌相似,只是更精巧一些。1992年,法国潜水专家拉马斯克在加勒比海进行水下探险时,发现了一座圆体的周身晶亮的银灰色建筑物。它在水下飞快地旋转运行着,但却悄无声息,连波浪也未掀起。拉马斯克猜测这大概是"幽灵潜艇"的另一种类型吧!

由于"幽灵潜艇"的频繁出现,人们便开始猜测,也许在地球的某处水域中存在着"幽灵潜艇"的基地。那么,这个基地又在哪里呢?

1985年,美国水下探险家在巴哈马群岛附近水下1 000米深处,发现了一座庞大的水下建筑。

1993年7月,美、法专家调查队在这一片水域又发现了一座巨大的海底金字塔。在金字塔上有两个巨大的洞,水流以惊人的速度流出,使这一带海面雾气腾腾,波谲云诡。

研究"幽灵潜艇"的人认为,海底金字塔正是"幽灵潜艇"的水下基地。那上面的两个巨大的水洞,就是"幽灵潜艇"的出入口。

"幽灵潜艇"与高智商生物

俄罗斯的一些研究者认为,从"幽灵潜艇"及其基地来看,其拥有者是一种智慧高出地球人很多的外星生物。而且"幽灵潜艇"虽然多次出现在人们面前,但从未攻击过人类,反而在太平洋战争中救助过人类,可见驾驶"幽灵潜艇"者的道德文明,也远远超出人类。

研究者指出,外星人来到地球后被分为两类:一类在地面活动,一类在水下活动。水下外星人建造了"幽灵潜艇"(或者这是他们从外星携带来的杰作),然后以百慕大三角海区水下金字塔为基地进行活动。所以,各大洋特别是太平洋与大西洋,才会不时发现"幽灵潜艇"的行踪。

还有一些研究者认为,在大洋深处,一直就生活着一支具有高度文明、高度智慧的生物。它们既能在"空气的海洋"里生存,又能在"海洋的空气"里生存。在百慕大发现的金字塔,不过是他们在海中建造的电磁网络罢了。持这种观点的研究者还强调:人类起源于海洋,也许正是在人类进化时就已分为陆上、水下两支,上岸的就是人类,水下的则被称作"海妖"。显然"海妖"的智慧高出人类很多,所以才造出了人类不能造出的"幽灵潜艇"。

研究者们认为,如果要全面揭开百慕大三角海区与"幽灵潜艇"之谜,只有等到人类与"海妖"的科学文明或道德文明相接近,能够互相沟通时才可以。那么,"幽灵潜艇"真的是"海妖"所制造的吗?这一系列问题,还有待于科学家进一步考证。

世界神秘现象

神秘现象
伊甸园觅踪

也许,伊甸园唤起了人类对文明的肇始和历史的源头一丝本能的追忆,对伊甸园的寻觅,是人类对自身从何而来充满好奇心的探究,亦或是因为当今社会的喧嚣浮躁、尔虞我诈,使人们更加怀念并憧憬伊甸园的怡静安宁和与世无争。

伊甸乐园

《圣经》中叙述了一个无比美好的乐园,那是人类的始祖亚当和夏娃居住的伊甸园。据《圣经》记载,上帝创造了人类的祖先亚当、夏娃,并在伊甸为他们建造了一个乐园让他们居住。那里山环水绕,风景秀丽,鸟语花香。亚当和夏娃在伊甸园快乐地生活着,但是有一天他们在蛇的引诱下偷尝了禁果,于是被震怒的上帝逐出伊甸园,从此开始遭受各种痛苦和磨难。自从《圣经》问世以后,"伊甸园"就成了西方文明起源的象征。

寻找伊甸园

古人类学家和宗教界人士认为,伊甸园的真实存在地需要具备三个条件:一是人类最早的发祥地;二是有温暖湿润的环境气候;三是有远古人类文明。显然,伊甸园已成为人类最为理想的发祥地和居住地的象征。那么,伊甸园到底在哪里呢?人们寻遍了非洲、美洲、欧洲、亚洲的高山、峡谷、平原、大海,利用现代先进的科技手段考证历史、文物,收集大量传说，但都未能够真正触及伊甸园的神秘踪影。

《圣经·创世纪》中记述，从伊甸园中有河水流出，有四条支流——幼发拉底河、底格里斯河、基训河和比逊河。有些学者根据这些线索开始探寻。但是，学者们遇到了一个难题，《圣经》中所说的四条河如今只剩下两条，而人们一直无法确定比逊河和基训河在哪里。

两河流域的人类家园

美国密苏里大学的扎林斯教授经过长期的考证后认为比逊河位于沙特阿拉伯境内，但因地理气候的不断变迁，那里现在已成为广袤沙漠中一条干涸的河床；基训河应该是现在发源于伊朗、最终注入波斯湾的库伦河。据此，扎林斯推断，伊甸园应该是位于波斯湾地区四条河流的交汇处，大约在最后一次冰川纪后，由于冰川融化使海面升高，伊甸园也就沉入波斯湾海底。如果真有所谓的伊甸园，扎林斯之说是符合逻辑的，也最为靠近《圣经》中对伊甸园地理环境的描绘。被古希腊人称为"美索不达米亚"的两河流域，是人类早期文明的发祥地，是人类最早生息的地方。

考古学家还发现，苏美尔（今伊拉克境内的上古居民）神话与《圣经》故事有些地方很相近，它们的造物神话都说人类是用黏土捏成的。楔形文字中也有"伊甸"和"亚当"等词，苏美尔神话中同样有一片没有疾病和死亡的乐园，在那里水神恩奇与地母女神宁胡尔萨格幸福地生活着。后来，恩奇偷吃了宁胡尔萨格造出的8种珍贵植物，宁胡尔萨格非常生气，就离开了丈夫。不久，恩奇身体的8个部

世界神秘现象

位患病,宁胡尔萨格不忍,又造出8位痊愈女神给丈夫疗伤,其中有一个名叫"宁梯"的肋骨女神,又称"生命女神"。而《圣经》中的夏娃就是上帝用亚当身上的一根肋骨造的,夏娃也是人类之母,与"生命女神"有相通之处。

不同的声音

关于伊甸园的推测还有很多,有人认为伊甸园在以色列,有人认为在埃及,有的人认为在土耳其,还有人认为在非洲、南美洲、印度洋等地。有学者提出,如果四条大河是从伊甸园中流出的,那么伊甸园的位置肯定在幼发拉底河和底格里斯河流域的北面。因此,他们一致认为这块神秘的乐土是在土耳其北部的亚美尼亚。不过这一理论是假设比逊河和基训河不是确切的地理河流,而只是对遥远国度的一种模糊的艺术写法。

还有一些学者则提出伊甸园是在以色列,认为是约旦河流入伊甸园后又分为四条支流,基训河应该就是尼罗河,而哈维拉就是阿拉伯半岛。一部分支持这一理论的认为耶路撒冷的莫利亚山就是伊甸园的中心,伊甸园的范围包括整个耶路撒冷、巴基利姆和奥利维特山。

但是认为伊甸园位于埃及的学者提出,只有尼罗河流域才符合《创世纪》中关于伊甸园的描绘——这是一片水源丰富的乐土,但是水不是来自天上,而是从大地中冒出的水雾。实际上,尼罗河在到达第一处瀑布之前,恰好是在地底下流淌的,然后才从泉眼里流出地面。

现在,学者们又几乎同时把目光集中到位于地球东方的中国,因为中国是世界上有着数千年文明历史,并且文明从未中断的古国。

不懈的追求

人类对伊甸园的寻觅,是人类对自身从何而来的探究,同时反映出人类对始祖的一种认同感。虽然在崇尚科学的今天,"创世纪"说早已让位于"生物进化论",但是,有关伊甸园、亚当和夏娃等的话题仍不断被提起。伊甸园的有无,以及它到底在哪里都不重要,重要的是,伊甸园已成为人类心灵的栖息地和精神图腾的代名词。而且,对伊甸园的追寻一定会继续进行下去,有关伊甸园的话题也将永远地与人类如影相随。

神秘现象
凯尔特人之谜

凯尔特人是公元前 2000 年活动在中欧的一些有着共同的文化和语言特质而且有亲缘关系的民族的统称。他们主要分布在当时的高卢、北意大利、西班牙、不列颠与爱尔兰，与日耳曼人并称为蛮族。现代意义上的凯尔特人仍坚持使用他们自己的语言，并以自己的凯尔特人血统而自豪。

天生的贵族

凯尔特人是古代欧洲历史上早期存在的民族，但是欧洲人对于凯尔特人的兴趣却很浓厚。

在欧洲曾经繁盛的史前文化中，凯尔特人起了巨大的作用。在大约公元前 500 年的时候，他们的部落就开始强盛起来，从此，他们便开始逐渐影响整个欧洲大陆。

19 世纪末，凯尔特人的文明在整个欧洲引发了一场轰轰烈烈的文学与文化上的大变动——浪漫主义运动。在许多浪漫主义者的眼睛里，凯尔特人是一群充满了神秘色彩的原始民族，他们称其为天生的贵族，当越来越多的人开始对凯尔特人神秘的宗教和宗教仪式感兴趣的时候，全欧洲的收藏家也开始了搜寻凯尔特财宝的行动。慢慢的，这些寻宝人的行为发展到歇斯底里的程度，从石器时代的古墓到古罗马的城堡，他们找遍了整个欧洲北部。只要找到了什么东西，就认为是凯尔特人的。这种状况一直持续到 19 世纪下半叶，随着考古学的进步，凯尔特之谜才逐渐被揭开。

世界神秘现象

有一幅1816年的画面呈现了成群的凯尔特人拥向巨石阵进行朝拜的情景，当时欧洲正处于一片凯尔特热潮当中。实际上，这个巨石阵始建的年代是很早的，比凯尔特人的出现还要早上一百多年，而且凯尔特人从来也没有朝拜过类似的石阵。

从某种意义上说。凯尔特人可以被看成是今天的爱尔兰人、威尔士人、英格兰人、法国人、西班牙人、瑞士人、奥地利人、北部意大利人以及其他西欧和中欧人的祖先。

今天人们眼中的凯尔特人大都是通过口头传说、当代希腊罗马著作、欧洲的考古挖掘以及前罗马帝国中经过修复的凯尔特手工制品来了解的。

凯尔特人还留下了另一种语言文化遗产：在一些原凯尔特地名中往往以dun为词尾，它的意思是"堡垒、要塞"，比如伦敦。在欧洲的中部和西部还有许多河流湖泊都是以凯尔特人的名字来命名的，莱茵河就是其中的一个。

而实际上，直到16世纪和17世纪，学者们才意识到古老的凯尔特人的语言与一些现代语言形式如爱尔兰语、威尔士语。以及一些地方的方言。如法国、西班牙、意大利北部的地方方言，都有着千丝万缕的联系。

彪悍与勇猛的个性

在一幅16世纪的水彩画中，英国画家怀特根据古老传说描绘了战争胜利的场面：获胜的凯尔特人挥舞着敌人的头颅狂欢，而从出土的凯尔特人的遗体来看，古代的凯尔特人确实有将身体涂上颜色的习俗。

古希腊和罗马的文学家们一律将凯尔特人描写成高大结实、一头金发、擅长马术或驾御战车的战士，他们在战争中勇敢、大胆、斗志昂扬、勇往直前。在不同人的笔下，凯尔特人不仅是勇士，而且性情粗犷。古希腊作家西库罗斯在他的作品中这样描述，"他们的头发浓密，简直就和马鬃没有什么两样"，"满脸又硬又翘的胡子"，凯尔特人粗犷的形象就这样在作家的笔下诞生了。不仅如此，他们还将凯尔特人描绘成一群暴饮暴食的野蛮人。希腊历史学家梭普拉斯将凯尔特人、利比亚人、波斯人以及锡西厄人一起称为公元前4世纪的四大野蛮人种。人们对凯尔特人的印象如此之差，甚至柏拉图还曾出言讽刺过他们，将他们列为六大醉鬼之一。

凯尔特人的身份具有多重性，既是战士又是商人，也是疆域的开拓者。从今天的法国、西班牙、葡萄牙一直到咆哮的大西洋，向北穿过英伦各岛以及爱尔兰岛，向南越过了令人目眩的阿尔卑斯山脉，到达意大利北部富饶的山谷，最后还向东经过巴尔干半岛和希腊，穿过博斯普鲁斯海峡进入小亚细亚，并在今天的土耳其建立了凯尔特人自己的国家——加拉提亚。

在战争中，凯尔特人的战士会取下敌人的头颅当作战利品，这使得他们野蛮暴力的形象在历史上远播。虽然他们没有留下雄伟的神殿、辉煌的城市遗址，也没有令人崇敬的纪念碑，但是许多考古学家发现，他们与生俱来的艺术敏锐感使他们成为具有非凡风格的艺术家。20世纪的意大利考古学家默斯卡称他们为世界上最早的抽象艺术家，最早的真正意义上的现代人。典型的凯尔特人雕像的形态多是以一膝着地，戴着金属领圈和头盔，做出一副投掷标枪的姿势。但是凯尔特人好战的本性和他们裸体作战的习俗使周围的民族感到恐惧不已。希腊历史学家斯特拉博曾经感叹道："他们是一群疯狂的好战之徒！"

关于凯尔特人发动战争的原因有个有趣的说法。李维声称凯尔特人越过阿尔卑斯山入侵意大利是因为受到了那里丰盛美味的果实尤其是葡萄的诱惑。

凯尔特人不断地改进车轮，使轻型战车更加结实、灵活、具有攻击性，这使得凯尔特人所向无敌，捷报连连。因此，车轮对于好战的凯尔特人具有重大的意义，以至于他们的诗歌和绘画中也常常把光芒四射的太阳比作车轮。随着科学技术的发展，凯尔特人的武器装备也在不断改良，车轮制造技术的提高和冶炼技术的应用使凯尔特人的军队更加强大。凯尔特人制造的锋利不易弯曲折断的剑威力无比。在爱尔兰的传说中曾经有过这样的评述："他第一剑从敌人的额头劈到肚脐，第二剑拦腰将其劈为三段。但在敌人倒地时，尸体却还能保持完整。"

从疾驰的战车上猛掷着标枪，接着跳下车，手持铁剑冲入敌群，一阵砍杀。这就是凯尔特人的勇猛，他们将恐惧深深地刺进了敌人的心里。他们在战场上的呼喊就足以令对手闻风丧胆。"他们天生的一副大嗓门，他们可怕的歌声与叫喊声漫天飞扬，他们喊着，叫着，跳跃着，唱着歌敲打着盾牌投入了战斗，这是他们古老的习俗，目的是为了恐吓对手。""凯尔特人的号角十分特别，可以吹出尖利刺耳的声音来增强战争的激烈程度。"

大约公元前391年的某天，罗马东北几十千米外，执政官正在为准备出征的军队作战前动员。"现在你们面对的敌人既不是拉丁人，也不是萨宾人，而且也不会像他们一样在战败后同我们结盟"，"他们是一群野兽，我们同他们必须拼个你死我活"。果然，第二天攻进城内的凯尔特军队就像是一群野兽，横冲直撞，烧杀抢掠，罗马的老百姓都被吓坏了。虽然后来由于一场瘟疫导致凯尔特人撤军，但是他们残忍的性格和对罗马毫无人性的洗劫给当时人们的内心留下了不可磨灭的烙印。一些作家毫不掩饰地称其为"残酷的兽性人"。

根据历史学家的描述，凯尔特人的铠甲包括盾牌和青铜头盔等装备。盾牌有一人大小，设计独特，做工考究，表面上还有一些凸出的青铜动物雕像。凯尔特人的青铜头盔造型夸张，顶部耸立着动物雕像，戴上这样的头盔越发显得凯尔特人身材高大。

与传说中古希腊英雄在特洛伊战争中的表现一样，凯尔特人也用战车来显示他们的威力。当战斗一开始，一个技术很好的车夫会载着他的主人一下子冲到敌人面前，与其短兵相接。公元前55年，罗马大帝恺撒在不列颠遭遇了凯尔特人的战车：战车的冲锋强烈渲染了凯尔特勇士们不惧危险、蔑视死亡的精神。当两军列阵互相逼近时，凯尔特的勇士们通常会站在队伍的最前面，向最勇敢的敌人提出挑战，并且在对手面前挥舞双臂示威。一旦对手接受了他们的挑战，他们便会大声地报出他们祖先的英雄事迹，然后是自己的名号和事迹，接着便辱骂和贬低对手，以打击对手的战斗气焰。

爱尔兰人和威尔士人对于凯尔特人的描述体现了凯尔特人独特的文化习俗。他们裸体作战其实是为了祈求神灵的保护；他们对待陌生人时好客而又礼貌；他们的文明要比那些故意贬低他们的人所认为的要进步得多，凯尔特人割取敌人头颅取乐的观念，一方面是对胜利的欢呼，另一方面是对战败敌人的尊重，这种看似荒唐矛盾的做法正是凯尔特文化的独特之处。

精致与优雅的习俗

凯尔特人的日常用品多用木头和柳条制成，历经风雨的侵蚀，这些日常用品早已踪迹全无。许多凯尔特人生活中留下的有形的遗迹还深埋在地下有待发现，但留下他们耕种痕迹的特殊地形，以及地图上那些纪念已经失落的部落和带着神秘地方记忆的地名，都以它古老的语言向人们发出暗示。

凯尔特人生活的地区，气候变化无常，时而大雨滂沱，时而寒冷彻骨，在这样恶劣的环境下，凯尔特人是如何生存的呢？

在历史学家的记录中，凯尔特人生活的区域，冬天的气候异于别处，阴天有雪无雨，晴天多冰多雾。变化无常的气候导致凯尔特人的着装也很奇特，羊毛制品广受欢迎。聪明的凯尔特人还学会了自己染制衣服，调制自己喜欢的颜色。

与这样一种粗糙的生活对应，凯尔特人的上层阶级还炫耀其珠宝的丰裕。墓葬出土了各色令人眼花缭乱的臂环、项链、胸针、以及制作奇异的金属腰带、脚环和戒指。

似乎许多凯尔特人对个人的修饰都很考究。他们平常使用的物品有镊子、剃刀、手镜等。这些东西对于自尊的男女都是必不可少的。凯尔特人有时会因为形象的好坏而承受很大的社会压力。如果一个人身体过于肥胖，就会受到处罚，凯尔特人独特的文化习俗吸引着考古学家不断去探寻他们的风俗文化。

伟大的希腊哲人亚里士多德说，凯尔特人不管天气如何寒冷，都让他们的孩子穿得很单薄。凯尔特人这种独特的思维逻辑和训练手法，目的是把自己锻炼成为骁勇善战的战士。他们的形象在希腊、罗马的艺术作品中多有体现。

在凯尔特人的欢宴中，酒是不可缺少的，除了喝葡萄酒、蜂蜜酒和啤酒以外，那些饮酒狂欢的人常常把友善的辩论以令人担忧的速度变成醉酒后的打骂。这样的聚会中除了喝酒的较量，还有讲故事的人、诗人、音乐家为大家增添乐趣。

粗糙与细腻、狂野与优雅，凯尔特人犹如一个矛盾的综合体，在荒蛮的生存环境下他们是如何培养出优雅的文明习俗的呢？凯尔特人与众不同的文化观念又是如何建立、健全的呢？随着考古学家、历史学家的不断探索，谜团终有一天会解开。

世界神秘现象

神秘现象
钱形图案之谜

世界之大，无奇不有。在日本的一片海滩上，人们发现了一个令人啧啧称奇的景观——巨大的钱形图案。它酷似中国古代钱币的造型，而且从图案中可以辨认出清晰的字体来，的确令人费解。

钱形图案的由来

这个巨大的钱形图案是如何形成的呢？据传说：1633年，即永宽10年时，当地居民为了迎接龙丸蕃主前来巡视，在一夜之间掘沙修造而成的，并一直保存至今。

还有一个传说，称当年在这附近的山顶上有一座神殿，叫"八幡神宫"。公元703年（即大宝三年）的一天夜里，八幡大神乘坐一只发光的船，从宇宙神宫飞临此地。飞船飞去后，在它降落的地点便有了这巨型图案。于是，当地人就修了这座神宫来祭祀八幡大神。

钱形图案的制作过程

这神秘的图案及神话传说，使人联想到秘鲁纳斯卡平原的那些巨型图案。于是，有的人又把眼光从宇宙收回到地球，到远古的人类祖先那里去寻找答案。他们认为这个巨大的钱形图案纯粹是地球人的杰作，是集体智慧的结晶。他们推测，在创造这一奇迹时，指挥者站在海岸边的小山上，通过旗来指挥海滩上众多的人，人们是在统一指挥下才完成这项巨大的工程的，因为只有这样，他们所创造的钱形图案才能更精确，也与钱的形状更加相似。然而，对于钱形图案的创造者，创造时间以及创造动机等诸多问题，至今仍是一个解不开的谜团。无论是哪一种解释，都不能达到无懈可击的地步，所以还需要我们进一步研究。

历史未解之谜

神秘现象
喀纳斯湖怪几重谜

喀纳斯湖大约长24千米，宽约1.8—2.4千米，面积大概为45平方千米，湖的最深处达188.5米，平均水深约为90米。喀纳斯，在蒙语中的意思是"美丽而神秘的地方"。它是一个非常典型的冰蚀冰碛湖，位于新疆阿尔泰深山的茂密丛林之中。喀纳斯湖呈月牙形，仿佛一条细长的豆角，人们习惯将湖区划分为一道湾、二道湾、三道湾以及四道湾，它是我国唯一的北冰洋水系流域区。

在美丽的喀纳斯，有几种奇观一定会深深地将你吸引。

奇观美景

首先，喀纳斯湖的湖水颜色变化无常。在海拔为1 200—2 400米的阿尔泰山区，受三次大的古冰川的雕饰作用，形成了海拔高度不尽相同的湖泊群，喀纳斯湖就是这些冰川作用形成的多个湖泊中最大的一个。喀纳斯湖在不同的时间显示着不同的颜色，湖水的颜色在每年的6月前无色透明，6月之后受冰川消融的影响，白色的花岗岩粉末融进水中，再加上湖岸的绿色衬托装饰，湖水呈淡绿的凝脂玉色，美轮美奂。更让人感到奇特的是，湖水在不同的季节还会呈现不同的颜色。而且从不同的角度看喀纳斯湖，湖水就有不同的颜色。正是由于湖水的变幻无常，所以喀纳斯湖素有"变色湖"之称。

其次，喀纳斯湖有着千米枯木长堤。它位于喀纳斯湖的上游。原来，在强劲谷风的吹送作用下，在喀纳斯湖中漂流的浮木，会逆水上漂，从而在湖的上游聚集而堆成千米长的枯木长堤，蔚为喀纳斯湖的

131

一大奇观。长堤的树木更换交替,非常罕见。大自然神奇之力形成的长堤在让人惊叹的同时显示了无与伦比的魅力。

再次,喀纳斯湖有着没有任何杂质的纯净的色彩。这里的天空是湛蓝的,是澄澈的,是那种透明的蓝,不含任何杂质,如同早晨朝阳的那种单纯,它与天外的宇宙看起来似乎已融为一体;这里的草木是碧绿的,这种绿是一种娇艳欲滴的纯粹的绿,饱含着大自然的精华,仿佛是一碰就可以流出汁液来,一眼望去心旷神怡满目生机,在这样绿野无垠的草地上行走或驻足休憩,如同卧在绿色的绒毯上,松软而舒适;这里的云是一色的纯粹的白,如同一群天真烂漫的赤足少女翩翩起舞时的飘扬的裙裾,给人以梦想的柔软,给人以美丽痴情的眷恋。所有的色彩在喀纳斯湖显示出了纯粹的高洁和干净,似乎远离喧嚣,掩藏起自己的娇颜不忍看到其破碎。

有关湖怪的传说

然而长久以来,在喀纳斯湖区一直流传着一个关于湖怪的神秘传说。在那个神秘的传说中,喀纳斯湖怪形体巨大,出没无常,它一口能吞下一头健壮的牛犊,它时常偷袭并且吞食在湖边散步的牛马。而且有关"湖怪"的传说越来越神奇,吸引了国内外无数的生物学家、地理学家以及旅行家前去探索。人们不禁在想,这究竟是一个什么样子的湖怪呢?

据传说,在很久很久以前,有一个牧民看到喀纳斯湖边草木茂盛,便将十几匹马赶到喀纳斯湖边放牧。那时候天气非常非常好,太阳暖洋洋地照着大地,照着牛马,照着遍地的绿草,也照着美丽的喀纳斯湖。牧人躺在离湖边较远的一片草地上,草香不醉人人自醉,渐渐地,不可抗拒的睡意把他不知不觉带入了梦乡。十几匹马有的香甜地嚼着青草,有的跑到湖边饮水。但是当牧人醒来的时候,马群却不见了。牧人的心里非常紧张,他急忙奔到湖边,看到殷红的湖水他立刻明白了也惊呆了。喀纳斯湖边的水被染成一片血红色,岸边还遗留着一些杂乱的马蹄印。在惊恐中,牧人没敢再在湖边久留,急慌慌跑回家去了。像这类传说在湖区一带还有很多很多。

也有一些目击者自称看到了神秘的黑色脊背。喀纳斯湖的最北端也叫湖头，这是人迹罕至的地带。一次，一个名叫金刚的护林员到湖头的林区巡视，当时他把船拴在岸边的树木上，从山上下来的时候，却突然在湖面上看见一个漂浮的物体，这个物体和船的距离约有四五百米，初步判断它的长度是船的两倍。名叫金刚的护林员看到这个物体仅仅露出了一个黑色的脊背，它一直在缓缓移动，那时天色已晚，慢慢就看得不那么清楚了。两年之后的一个夏天，金刚再次去一个护林站巡视，下午四五点左右，他无意中向湖面上望去，突然又看到那个似曾相识的东西。然而当他把所见告诉当地的一个老人时，却遭到了非常严厉的训斥，那个老人似乎对水中的怪物非常了解，只是叮嘱金刚不许外传。老人属于湖边的一个特殊部落，他们称自己是图瓦人，是成吉思汗的后代。部落的老人们一直认为喀纳斯湖中有一个怪物，他们尊称其为湖圣，是他们的保护神。仝保明是喀纳斯湖上最早的汽艇驾驶员之一，一次他驾船在湖面上巡视，一个巨浪突然打来，船就猛烈地颠簸起来，在惊慌失措之中他也看见一个黑色的物体在巨浪下摆动着，然后迅速消失了。

也有一些目击者看到了红色的巨大鱼形怪物。事情发生在1931年，当时有一位牧民正在湖旁放牧，忽然听到湖中发出了"隆隆"的声响。牧民一惊，忙放眼向湖中望去，平静的湖面突然掀起了巨大的波浪，浪花飞跃滚动，在阳光的照耀下闪烁着刺眼的红光。只见十几条巨大的红色鱼形怪物在水面上翻腾跳跃，搅得湖水汹涌澎湃，雄奇而又壮观。不久以后，两个阿尔泰山上技艺高超、胆子很大的猎人带着猎枪特意潜伏在喀纳斯湖边的草丛中，想好好地看一下那湖怪究竟是什么样的怪物。果然，那红色的巨大鱼形怪物又出现了，虽然仅仅几条，却依然将湖水翻腾得波浪滔天，满目都是炫目的红光。过了一

会儿,其中的一个猎人举枪向离岸最近的一条湖怪射出一枚子弹,随着"砰"的一声枪响,一溜火线在湖上划过后,那几条巨形红鱼怪突然之间就不见了踪影,湖面上随即掀起了轩然大波,惊涛骇浪,雾气弥漫,气势惊人。过了一会儿,风平浪静了,却不见了这两个惊慌失措的猎人的踪影。不知是已被巨浪卷入了湖底,还是逃回了山上。从这以后,人们无不谈湖色变。

到了20世纪的80年代,喀纳斯湖怪已经把整个阿尔泰地区都搅得沸沸扬扬了。1980年,由新疆维吾尔自治区政府带头,由多家科研单位组成的喀纳斯综合考察队成立。考察队员们为了寻找到水怪,在湖面上布置了一个上百米长的大网,可是到了第二天的清晨,大网却消失得无影无踪。考察队员们首先怀疑的是,是不是水流把它冲走了?人们就顺着湖水向下游寻找,结果找了两天仍然一无所获。是不是湖区的牧民把网偷走了?但牧民对他们都很友好,这种事情似乎不可能发生。三天后,人们在撒网处上游两千米的地方,无意间发现了这张鱼网,拖上来后已被搅成了一团,还撕开了一个大的裂口。这是否是由传说中的水怪所为?遗憾的是,经过三个多月的考察,这个谜底仍然没有揭开。

新疆大学生物系的黄人鑫教授认为喀纳斯湖怪很可能是对自然现象的一种误判,比如说水面上翻滚的浪花、浮游生物以及漂浮的枯木等。黄人鑫教授是最早关注喀纳斯水怪的专家之一,如果说目击者看到的的确是某种水生动物,他认为最有可能的就是鱼,一种体形非常大的鱼。

苦苦寻找

但排除以上的种种假设,喀纳斯水怪是否有可能是人类还没有发现的一种怪兽,那种类似史前巨鳄或恐龙的庞然大物呢?

为此,新疆环境保护科研所的专家袁国映曾经查证过新疆的古生物种群,在喀纳斯附近并没有找到任何恐龙遗迹,况且恐龙在6 500万年前就已经灭绝殆尽,而喀纳斯湖的历史和恐龙相去甚远,这一切无论从空间还是时间上都毫无联系。当然袁国映也不排除一种非常细微的可能性，是否有远古的某些遗留物种经过迁徙，在喀纳斯这种特殊的环境中生存下来了呢？

时间不知不觉就到了1985年，为在喀纳斯地区成立自然保护区，一次大型的综合性考察再次开始。当时新疆大学考察队的总指挥是生物系的向礼陔教授，一天清晨，他意外发现平静的湖面上突然涌起一个巨大的浪花，而浪花下面，渐渐显露出一条巨型红色大鱼的影子！那条鱼估计有10米长，它很快就又沉入了湖水中。向礼陔回到营地之后，立刻就发布了这个消息，大家纷纷跑到喀纳斯湖西侧的山顶上一个叫观鱼亭的位置上观看，果然发现湖面上有大大小小几十个红色的斑点，专家们还特意拍摄了很多照片。借助于望远镜，考察队的人们大抵都肯定那些红色斑点就是红色大鱼。事后，人们对照片进行了认真的分析，将水面上的斑点和岸边的树木做了细致的比较，发现最大的斑点长度约有树高的2/3，而湖边主要生长着西伯利亚落叶松和桦树，它们大多高15米以上，照这样估算，湖中的大鱼也许有10米长。专家们认为这种估算方法并不太严谨科学，而且水中的物体通过光线折射也会造成一定的误差，最好的办法就是捕捉到一个实物然后测量。发现大红鱼后的第三天，向礼陔和黄人鑫用一个特大号的鱼钩挂上一只大羊腿做诱饵，一根长约2.8米的原木做浮漂去钓鱼，企图捕捉一条红色大鱼。没过多久，他们就看到水面下影影绰绰有几条鱼游过来，但没有一个上钩，只是看到有一条大鱼经过浮漂旁边时并排地游过去，其长度大约是浮标的3倍，也就是说那条鱼将近9米长。在向诸多"水怪"目击者求证之后，他们大多认为看到的东西很可能是大鱼，水中黑色的影像正是鱼的脊背。

根据1980年和1985年考察队的两次捕捞情况，喀纳斯湖中大约有8种鱼类，除去小型的食草性鱼类之外，专家们把注意力集中在北极茴鱼、细鳞鲑以及哲罗鲑四种鱼身上，通过反复的比较和研究，大家一致把目光投向了哲罗鲑鱼。

人们知道，哲罗鲑鱼在繁殖季节，皮肤呈现红褐色；其次，哲罗鲑鱼也是以上四种鱼中最凶猛而且体形最为巨大的。从已经捕捞上来的一条长约1.45米的哲罗鲑鱼的标本来看，这种鱼的体形狭长，头部稍微扁平，满嘴都是锋利尖锐的牙齿，即使在上下腭和舌头上也布满倒刺，咬住俘获物，俘获物就很难逃脱。

"湖怪大红鱼就是体形巨大的哲罗鲑鱼。"人们在两次的捕捞和探索活动中初次揭开了"湖怪"之谜。然而这是否是真实的结果却不得而知，不过到目前为止，人们对这种珍奇的巨型哲罗鲑鱼的了解仍然很少，仍有一些疑问难以解释。关于喀纳斯湖的探索活动仍然有待进一步进行。

迄今为止，从喀纳斯湖中捕捉到的哲罗鲑长度还没有超过3米的，也就无法证明湖中有10米长的大鱼；另外，喀纳斯湖是否有供巨型鱼存在的生态条件，也未可知。哲罗鲑属于鲑科鱼类，鲑科鱼类的一个重要特性就是繁殖季节的洄游，而喀纳斯湖却是一个过江的湖泊，它的上、下游的河道都很狭窄，尤其是和湖区相连的部分，大多是一些乱石浅滩。那么，大鱼是如何通过的呢？科学家们曾根据有关资料对巨型哲罗鲑的体长、体重以及寿命做过科学的推算，但喀纳斯湖中到底有多少巨型哲罗鲑呢？最大的哲罗鲑有多大呢？它们在喀纳斯湖里已生存了多少年呢？它们是如何繁衍生存的呢？千百年来在喀纳斯湖畔失踪的牛、羊真的被哲罗鲑吞食了吗？真正的答案尚未找到，还有无数的疑团使真相难以大白。

2003年9月27日，在阿尔泰地区发生了强烈的地震，造成了非常严重的破坏。在这次大地震前，距离震中以南100千米的喀纳斯出现了很多奇怪的现象，其中喀纳斯湖水怪现身，最引人注目。据有关报道显示，目击者说，大地震发生前20分钟，喀纳斯湖二道湾处的湖面掀起一阵强烈的水波，声音好像海潮初涨，随后两个巨大的黑色物体冲出水面高达20多米，很快却又潜入水中，再未见到。这一幕将人们拉回了十几年前的那次争论，曾经做出的一些猜测，现在突然变得支离破碎而且难以支撑，但这至少说明了，在喀纳斯湖里的确有一个庞然大物，虽然几十年过去了，它却并没有消失，也许永远都不会消失。也许，在不久的将来，随着社会的发展。随着科学技术的进步，随着人们对喀纳斯湖的探测活动的深入进行，最终一定能够揭开喀纳斯湖怪的真实面目。